ÉDOUARD D'HOOGHE

Avocat à la Cour d'appel de Douai
Docteur en Droit
Président du Comité Juridique International de l'Aviation.

DROIT AÉRIEN

PRIX : 5 FRANCS

LIBRAIRIE ADMINISTRATIVE PAUL DUPONT
4, rue du Bouloi (1er Arrt) Paris

DROIT AÉRIEN

R. F.
IMPRIMÉS.

EXTRAIT DU

« RÉPERTOIRE DU DROIT ADMINISTRATIF »

PUBLIÉ SOUS LA DIRECTION DE

M. PAUL DISLÈRE

PRÉSIDENT DE SECTION AU CONSEIL D'ÉTAT

ÉDOUARD D'HOOGHE

Avocat à la Cour d'appel de Douai
Docteur en Droit
Président du Comité Juridique International de l'Aviation.

DÉPOT LÉGAL
Seine
No 622

DROIT AÉRIEN

PRIX : 5 FRANCS

LIBRAIRIE ADMINISTRATIVE PAUL DUPONT

4, rue du Bouloi (1er Arrᵗ) Paris

DROIT AÉRIEN

CHAPITRE PREMIER

—

NAVIGATION AÉRIENNE EN DROIT INTERNATIONAL

———

ARTICLE PREMIER. — Souveraineté sur l'espace aérien.

—

1. Avant toute étude de la législation aérienne, une question préalable se pose : « La nature de l'espace aérien est-elle compatible avec l'existence d'une telle législation ? »

Toute loi émane d'un souverain. Existe-t-il un souverain de l'atmosphère terrestre qui puisse légiférer sur l'espace aérien tout entier ? Sinon, cet espace est-il divisible en parties distinctes soumises à des souverainetés diverses ? N'est-il pas un et indivisible par son essence même, par la fluidité homogène de la substance qui l'occupe, par l'usage qu'on en peut faire et que sa division empêcherait ?

Cette question s'est posée la première aux jurisconsultes avant même que la navigation aérienne fût devenue pratiquement assez importante pour nécessiter des règles et pour occasionner des conflits.

2. Une première théorie admet que l'espace aérien n'est susceptible d'être l'objet d'aucune souveraineté. D'après cette théorie le sol seul est susceptible d'une division permanente et dont les traces demeurent constatables. L'occupation, origine commune de la propriété des individus et de la souveraineté des groupements d'individus, est un ensemble d'actes humains passagers et qui ne peuvent créer un *état* de fait et par suite de droit, qu'à condition d'être reliés dans le temps par des vestiges sensibles et durables que les corps solides, l'écorce terrestre et ses dépendances peuvent, seuls, conserver. L'air ni la mer ne sont modifiés par le passage ou le travail de l'homme et rien ne reste de lui; la mer côtière n'est susceptible de souveraineté que parce que sur le sol des rivages l'homme peut avoir des établissements qui la dominent.

Bluntschli et Pradier-Foderé remarquent qu'une division géométrique de l'air est impossible, soit par des surfaces verticales, soit par des surfaces horizontales, parce que ces surfaces seraient purement idéales, et que dans l'atmosphère il ne peut exister de frontières.

L'air, disent les partisans de cette théorie, est assimilable à la mer libre. C'est un océan sans rivages dont la terre occupée par les hommes est le fond.

Moins encore que la mer il leur appartient; moins qu'elle il est divisible entre eux. Chaque partie en est inutile à l'un d'entre eux, l'ensemble est nécessaire à tous. Le caractère de la propriété et de la souveraineté est d'être exclusives.

Les partisans de cette théorie n'admettent pas, sauf peut-être Nys, que l'anarchie doive exister dans l'atmosphère et que les conflits, soit entre les navigateurs aériens, soit entre eux et les terriens, doivent se résoudre par la loi du plus fort.

Si, en effet, l'air n'est pas objet de souveraineté, les hommes et les choses qui s'y trouveraient, sont sujets d'un souverain et de sa loi. La conséquence de cette théorie est que chaque aéronef devrait être considéré comme une partie du territoire de la nation dont il a la nationalité, et que la conduite de ceux qui le montent n'aurait en tout lieu pour règle que la loi de leur propre pays. Sans nul doute des conflits de lois sont à prévoir entre aéronefs de pavillons différents, ou entre eux et les sujets des États au-dessus desquels ils passent; il y aurait à les résoudre selon les règles habituelles du droit international comme on les résout lorsqu'il s'agit des rapports juridiques de navires de nationalité différente se rencontrant dans la haute mer.

On peut objecter à cette théorie que l'assimilation avec la haute mer n'est point légitime parce que le navigateur maritime n'a point de conflits avec les États côtiers et leurs ressortissants. En effet, le droit international admet l'existence d'une mer territoriale. Le navigateur qui y pénètre cesse d'être soumis exclusivement à sa loi nationale. Il devient, en ce qui concerne les lois de police et de sûreté et quelques autres lois, ressortissant de la loi territoriale, c'est-à-dire de la loi de l'État riverain. On ajoute que s'il en était autrement pour le navigateur aérien et s'il demeurait soustrait à la loi de l'État sous-jacent, à quelque faible hauteur qu'il planât et si près qu'il s'approchât du sol, la vie serait insupportable pour les habitants de l'État sous-jacent.

On peut objecter qu'il s'agit ici non de l'utilité des habitants mais du droit de leur État. D'ailleurs, chaque État serait forcé d'astreindre les navigateurs de sa nationalité

à observer les mêmes règles en survolant les territoires
étrangers qu'en survolant leur propre pays. L'État qui
reconnaîtrait n'avoir qu'une souveraineté personnelle
sur ses nationaux et non une souveraineté territoriale
sur l'atmosphère dominant son territoire, ne pourrait
édicter des règles variant selon les lieux, mais seulement
des règles variant suivant les personnes et leur nationalité.

Sans doute les habitants terriens d'un État pourraient
être lésés par des faits d'un aéronaute licites d'après sa
loi et que leur propre loi défendrait, mais dans la théorie
contraire le même désaccord peut se produire. Un aéronaute passant au-dessus d'un territoire peut se voir
interdire au nom de la loi de ce territoire des actes que sa
propre loi lui permettrait. Cet argument ne prouve que
l'inconvénient des souverainetés indépendantes, et l'avan-
tage d'une législation internationale uniforme.

3. Frappés de ces inconvénients, certains jurisconsultes,
tels que Stranz et Meili, ont admis le principe de la liberté
de l'air sous la réserve des droits nécessaires à la conservation de l'État sous-jacent.

Le comité juridique international de l'aviation, dans
son projet de Code international de l'air, discuté en
juin 1910 au Congrès de Paris, arrête ainsi qu'il suit l'article 1er : « La circulation aérienne est libre sauf les
droits pour les États sous-jacents de prendre certaines
mesures à déterminer en vue de leur propre sécurité et
de celle des personnes et des biens de leurs habitants. »

L'Institut de droit international se rallie à un principe
analogue.

Dans cette théorie on admet donc une certaine souveraineté territoriale de l'État sous-jacent limitée à la fois

dans l'espace par les verticales de ses frontières et dans son objet par l'intérêt ou les besoins de cet État, mais sans qu'une limite de hauteur lui soit imposée. Il est donc seul juge des besoins de sa sécurité et de celle des habitants, pourvu que les mesures prises ne compromettent pas la liberté de la circulation aérienne, laquelle reste en dehors de son pouvoir.

4. Une troisième théorie assimile plus exactement l'air à la mer et cherche à compléter le parallèle par l'institution d'une zone aérienne ou plutôt d'une couche aérienne territoriale, pendant de la mer territoriale. Entre les jurisconsultes partisans de cette théorie, les oppositions de vues apparaissent aussitôt qu'il s'agit de fixer la hauteur de cette couche. Les uns, comme Fauchille, la déterminent par une mesure, 1,500 mètres, Rolland, Bonnefoy admettent ce système. Von Holtzendorff admet une limite de 1,000 mètres à partir du point le plus élevé de l'État, Despagnet, Merignac, Oppenheim précisent moins. D'autres, par exemple Piétri Hilty Rivier, prennent pour limite la hauteur que peuvent atteindre des projectiles lancés du sol; d'autres la limite de visibilité à partir du sol; d'autres, comme Meyer, la distance à laquelle l'État peut faire sentir son autorité directement du sol.

Une pareille division en hauteur est forcément arbitraire étant donné surtout que les altitudes des divers États et des divers points d'un même État sont fort différentes; on peut ajouter que dans l'état actuel de la navigation aérienne, elle équivaut pratiquement à soumettre dans la plupart, sinon dans la totalité des cas, les aéronefs à la souveraineté territoriale de l'État sousjacent.

5. Les autres auteurs se rallient à la théorie de la souveraineté territoriale. Ils admettent qu'un État est souverain non d'une surface mais d'un volume, c'est-à-dire de la pyramide déterminée par les rayons terrestres, allant du centre du globe à l'infini en passant par les divers points des frontières sur le sol.

Les uns parmi ces jurisconsultes admettent cependant que cette souveraineté est tempérée par une servitude de libre passage pour les navigateurs aériens, les autres rejettent ce principe. Pour les premiers c'est en vertu d'un droit propre que les aéronefs survolent l'État sous-jacent, pour les autres c'est en vertu d'une concession de sa part. Grunwald, von Ullmann, Collard, Gemma Baldwin et Jenny Lycklama, dans un remarquable article de la « Revue juridique internationale de la locomotion aérienne », adoptent cette dernière théorie : celle de la souveraineté territoriale absolue. Meurer, Westlake adoptent la première.

Les partisans de ce système observent que les divers États européens l'ont implicitement consacré par des applications fragmentaires dans les rares circonstances où légiférer sur l'espace aérien avait un intérêt pratique.

Les législations française, — par l'article 552 du Code civil, — allemande, suisse, italienne, néerlandaise, belge, espagnole, portugaise, autrichienne, japonaise, turque, la coutume anglaise et celle des États-Unis admettent que le propriétaire de la surface est propriétaire du dessus. Mais certains commentateurs entendent les mots « propriété du dessus » comme ne s'appliquant qu'aux objets matériels plantés, construits ou posés sur le sol. Les législations de la plupart de ces pays relatives aux installations électriques aériennes, autorisent le passage des fils au-dessus des propriétés privées, affirmant par là le pouvoir de l'État d'autoriser ou de défendre tel usage de l'espace aérien. Mais on peut objecter que ces législations n'ont précisément admis le caractère licite de l'établissement de ces fils que parce qu'elles ne reconnaissaient pas sur l'espace aérien le droit exclusif du propriétaire du terrain dominé.

Les partisans de la souveraineté territoriale ajoutent que les lois interdisant la chasse de certains oiseaux ou promettant des primes pour leur destruction, auraient peu d'intérêt et ne se concevraient guère si elles ne concernaient que les oiseaux posés sur le sol. Mais on peut objecter qu'elles considèrent peut-être que l'acte de chasse favorisé ou interdit est perpétré sur le sol à l'endroit où se trouve le chasseur et non dans l'air, là où plane l'oiseau.

On peut objecter à cette théorie qu'elle méconnaît la différence entre le sol et l'atmosphère. Le principe qui étend la souveraineté à un volume conique est aussi arbitraire que celui qui le restreint à une superficie. L'État a autant d'intérêt à surveiller et à protéger partout ses aéronefs nationaux, qu'à surveiller et à protéger les aéronefs de toutes nations au-dessus de son seul territoire. La souveraineté sur une partie du sol s'explique par le fait que cette partie est l'habitat de presque tous les nationaux et n'est pratiquement occupée que par eux. Le territoire sert principalement à l'habitation et à l'exploitation nationales et secondairement à la circulation internationale. La mer au contraire et l'air, impropres à toute habitation et à toute exploitation localisées, ne sont propres qu'à la circulation. Dans le passé, les jurisconsultes ont su faire cette différence entre la terre et la mer; on ne saurait établir davantage entre l'atmosphère et la terre une assimilation qui anéantirait des espérances séculaires d'affranchissement et de fraternité internationales.

6. Il nous semble que la préoccupation secrète, parfois informulée, des jurisconsultes, est inspirée surtout par le danger du conflit des lois. Admettre la souveraineté territoriale c'est risquer qu'un État n'arrête arbitrairement au-dessus de son territoire une circulation qui importe grandement non seulement à ses nationaux mais à tous les peuples : c'est rendre tous les navigateurs victimes du formalisme, de l'intransigeance, de l'inintelligence d'un Gouvernement. Rejeter ce principe c'est rendre tous les terriens victimes de l'insouciance ou de l'anarchie d'un État qui laisserait toute licence à ses aviateurs nationaux. Admettre l'une des théories intermédiaires, c'est abandonner tout principe et s'exposer, suivant l'interprétation diverse des Parlements, soit à l'un, soit à l'autre de ces dangers.

Il importe par-dessus tout que des aviateurs, qui franchissent les frontières à une grande vitesse, puissent ignorer la nationalité du sol survolé par eux, et qu'une locomotion internationale soit réglée par une loi internationale.

La nature de l'atmosphère, homogène et fluide, non susceptible de division, incapable de conserver l'empreinte d'une occupation, nous conduit à formuler une théorie toute différente. Les droits des hommes sur elle, ou de leurs groupements nationaux, ne peuvent porter que sur sa totalité. La possession divise en est aussi inutile qu'impossible. L'air est un ; chacun en a sa part si tous l'ont tout entier. Les diverses souverainetés doivent donc coexister dans l'espace total sans se cantonner dans quelqu'une de ses parties, l'air ne pouvant servir qu'à une circulation qui doit mener partout sans qu'on puisse stationner nulle part.

Nous admettrons donc que l'air est non pas *res unius,*

ni *res nullius*, mais *res communis* et qu'il est dans toutes
ses parties soumis à la souveraineté commune de toutes
les personnes du droit international public. Celles-ci sont
à son égard dans la situation d'indivision forcée et per-
pétuelle des communistes du droit privé.

Elles ne peuvent légiférer à son égard que d'un commun
accord et pour toutes ses parties à la fois. Toute législation
émanant d'un seul État n'a d'autorité dans aucun lieu ni
à l'égard d'aucun individu. Toute modification à la législa-
lation internationale ou à la coutume internationale, ne
peut être introduite que d'un accord commun des puissances, le maintien du *statu quo* étant la conséquence du *veto*
de l'une d'entre elles. L'atmosphère est désormais l'issue
universelle vers tous les points de la terre; on peut la
comparer à un fleuve international dont tous les peuples
seraient riverains d'amont et d'aval à la fois.

Cette théorie tient compte tout ensemble de la nature
de l'atmosphère, de la nécessité d'une législation commune, et de l'opportunité d'une législation sommaire,
stable et simple, que la difficulté des ententes internationales empêchera les Administrations de surcharger de
détails tracassiers. Les divers États ont d'ailleurs admis

Code de l'air, — *Articles votés au Congrès de Paris du Comité juridique*
international de l'aviation.

PRINCIPES GÉNÉRAUX DE LA CIRCULATION AÉRIENNE.

Art. 1ᵉʳ. La circulation aérienne est libre, sauf les droits, pour les
États sous-jacents, de prendre certaines mesures à déterminer en vue
de leur propre sécurité et de celle des personnes et des biens de leurs
habitants.

DE LA NATIONALITÉ ET DE L'IMMATRICULATION DES AÉRONEFS

Art. 2. Tout aéronef doit avoir une nationalité et une seule.

Art. 3. La nationalité de l'aéronef est celle de son propriétaire.
Si l'aéronef appartient à une société, la nationalité sera déterminée
par celle du siège social de la société.

En cas de nationalité différente des copropriétaires de l'aéronef,

ce principe en ce qui concerne la radiotélégraphie dont les conditions de libre exercice ont été réglées par une convention internationale.

ARTICLE 2. — **Navigation aérienne en temps de paix.**

7. *Critérium de la nationalité de l'aéronef.* — Les jurisconsultes sont d'accord sur le principe que *tout aéronef*

---

la nationalité sera celle des copropriétaires qui possèdent les deux tiers de la valeur de l'aéronef.

Art. 4. Tout aéronef devra porter une marque distinctive de sa nationalité.

Art. 5. Tout aéronef devra emporter avec lui un document signalétique contenant toutes les indications propres à l'individualiser.

Art. 6. Tout propriétaire devra, avant que de le mettre en circulation hors des aérodromes privés, avoir obtenu de l'autorité publique, l'inscription de cet aéronef sur un registre d'immatriculation tenu par l'autorité compétente. Chaque État réglementera l'immatriculation des aéronefs dans les limites de son territoire.

Art. 7. Tout aéronef devra porter une marque distinctive indiquant le lieu de son immatriculation.

Art 8. Les listes d'immatriculation seront publiées.

DE L'ATTERRISSAGE

Art. 9. Les aéronefs peuvent atterrir sur les propriétés non closes.

Art. 10. Il leur est interdit, sauf le cas de force majeure, d'atterrir :

a) Sur les ouvrages fortifiés et aux alentours de ces ouvrages dans le rayon déterminé par l'autorité militaire;

b) Dans l'intérieur des agglomérations, exception faite pour les emplacements désignés par l'autorité publique.

Art. 11. Tout atterrissage oblige à la réparation du préjudice causé. Toutefois, s'il y a faute de la victime, l'auteur du dommage peut à proportion de cette faute, être déchargé en tout ou en partie de la réparation qui lui incombe.

DU JET

Art. 12. Le jet consiste en toute projection volontaire d'objets, corps ou matières de toute nature.

Art. 13. Le jet de toutes choses de nature à nuire, soit aux personnes, soit aux biens, est interdit.

Art. 14. En tout cas le préjudice causé donne lieu à réparation.

DES ÉPAVES

Art. 15. Celui qui trouve tout ou partie d'un aéronef doit en faire la déclaration à l'autorité compétente.

Art. 16 L'autorité compétente dûment avisée prendra d'urgence

doit avoir une nationalité et une seule. Ce principe a été formulé dans les mêmes termes au Congrès de Paris du *Comité juridique international de l'aviation* et à la Session de Madrid de l'*Institut de droit international.*

De même que le navire, de même que l'automobile depuis la Convention internationale du 11 octobre 1909,

---

les mesures nécessaires pour assurer la conservation de l'épave et la découverte du propriétaire.

Art. 17. Le propriétaire de l'épave, peut la réclamer auprès de l'autorité qui en a la garde, dans le délai d'un an de la demande, en payant les frais de conservation. Il devra en outre payer à l'inventeur une prime de découverte de 10 0/0 calculée sur la valeur de l'épave au jour de la restitution, déduction faite des frais.

---

*Textes adoptés par le deuxième Congrès tenu à Genève
les 28 et 29 mai 1912.*

DE LA LÉGISLATION APPLICABLE ET DE LA JURIDICTION COMPÉTENTE
EN MATIÈRE DE LOCOMOTION AÉRIENNE.

Art. 18. L'aéronef qui se trouve au-dessus de la pleine mer ou d'un territoire qui ne dépend de la souveraineté d'aucun Etat est soumis à la législation et à la juridiction du pays dont il a la nationalité.

Art. 19. Lorsqu'un aéronef se trouve au-dessus du territoire d'un Etat étranger, les actes accomplis et les faits survenus à bord et qui seraient de nature à compromettre la sécurité ou l'ordre public de l'Etat sous-jacent sont régis par la législation de l'Etat territorial et jugés par ses tribunaux.

Art. 20. La réparation des dommages causés aux personnes et aux biens sur le territoire de l'Etat sous-jacent est régie par la loi de cet Etat. L'action en réparation peut être exercée soit devant les tribunaux de cet Etat, soit devant les tribunaux de l'Etat dont l'aéronef a la nationalité.

Art. 21. Les actes accomplis et les faits survenus dans l'espace à bord d'un aéronef et qui n'intéresseraient pas la sécurité ou l'ordre public de l'Etat sous-jacent restent soumis à la juridiction du pays dont l'aéronef a la nationalité.

DES FAITS D'ÉTAT CIVIL.

Art. 22. En cas de naissance ou de décès à bord pendant un voyage aérien, le pilote en dressera acte sur le livre de bord.

Dans la première localité où l'aéronef atterrira, le pilote sera tenu de déposer copie de l'acte qu'il aura dressé.

Le dépôt sera fait, savoir : si la localité fait partie du territoire dont l'aéronef a la nationalité à l'autorité publique compétente ; si la localité est située en territoire étranger, entre les mains du consul dont l'aéronef a la nationalité. Au cas où il ne se trouverait pas de

le navire aérien doit être le ressortissant, soit d'un Etat soit d'un autre; il faut, en effet, que parmi les États signataires des conventions internationales, il s'en trouve un et un seul ayant qualité pour imposer à cet aéronef le respect de ces conventions et lui en obtenir le bénéfice.

8. Quel doit être le critérium auquel on reconnaît cette nationalité? Deux théories ont été formulées : l'article 3 adopté au Congrès de Paris s'attache pour la déterminer à la nationalité du propriétaire. L'Institut de droit international s'attache au lieu d'immatriculation; dans ce système l'aéronef immatriculé, par exemple, en Suisse est Suisse alors même que son propriétaire serait Belge.

Au contraire, dans le système du Comité juridique international, l'immatriculation en Suisse, par exemple,

---

consul dans cette localité, la copie de l'acte sera transmise par le pilote sous pli recommandé à l'autorité consulaire dont l'aéronef a la nationalité.

Résolutions arrêtées à la session de 1911 de l'Institut de droit international.

Art. 1. Les aéronefs se distinguent en aéronefs publics et en aéronefs privés.

Art. 2. Tout aéronef doit avoir une nationalité, et une seule. Cette nationalité sera celle du pays où l'aéronef aura été immatriculé.

Chaque aéronef doit porter des marques spéciales de reconnaissance. L'État auquel l'immatriculation est demandée détermine à quelles personnes et sous quelles conditions il peut l'accorder. L'État qui immatricule l'aéronef d'un propriétaire étranger, ne saurait toutefois prétendre à la protection de cet aéronef, sur le territoire de l'État dont relève ce propriétaire, contre l'application des lois par lesquelles cet État aurait interdit à ses nationaux de faire immatriculer leurs aéronefs à l'étranger.

Art. 3. La circulation aérienne internationale est libre, sauf le droit pour les États sous-jacents de prendre certaines mesures, à déterminer, en vue de leur propre sécurité et de celle des personnes et des biens de leurs habitants.

Art. 4. La guerre aérienne est permise, mais à la condition de ne pas présenter pour les personnes ou la propriété de la population pacifique, de plus grands dangers que la guerre terrestre ou maritime.

13

ne ferait que relater et confirmer la nationalité belge de l'aéronef.

9. *Conflit des lois sur la nationalité des individus.* — Sans nul doute, cette règle pourra présenter des difficultés d'application, lorsque, par suite des conflits des lois sur la nationalité édictées par divers États, une personne, propriétaire d'un aéronef, se trouvera avoir deux nationalités ou n'en point avoir.

La femme française qui épouse un Anglais perd, par exemple, sa nationalité d'après la loi française, sans que la loi anglaise lui permette d'acquérir celle de son mari. La femme anglaise qui épouse un Français devient Française d'après la loi française et demeure Anglaise d'après le droit anglais. Il y aura, dans un cas semblable, à choisir laquelle des deux lois sur la nationalité doit être prise en considération pour déterminer celle de l'aéroplane. On pourra avoir égard à la nationalité indiquée par le propriétaire dans sa demande d'immatriculation.

10. *Étrangers admis à domicile.* — Faut-il assimiler au national, l'étranger admis à domicile dans le pays ? La négative nous paraît devoir être admise, malgré l'inconvénient que pourrait présenter l'application de leur loi nationale à des propriétaires d'aéroplanes qui, établis loin de leur pays d'origine, n'auraient plus conservé de relations suivies avec lui.

Il importe, en effet, qu'un État puisse aisément déterminer en temps de guerre lesquels des aéroplanes circulant au-dessus de son territoire ou y atterrissant, appartiennent à ses nationaux. Cependant il faut observer que le droit français (Décret réglementaire du 21 novembre 1911) admet l'assimilation à cet égard des étrangers domiciliés en France avec les nationaux français.

11. *Copropriétaires.* — Le texte du Congrès de Paris dispose que la nationalité du navire aérien sera celle des copropriétaires possédant les deux tiers de la valeur de l'aéronef. Cette disposition, combinée avec celle aux termes de laquelle l'aéronef doit avoir une nationalité et une seule, aura pour conséquence d'obliger les copropriétaires à se consentir des cessions telles que l'un d'entre eux, ou plusieurs d'entre eux ayant la même nationalité, possèdent les deux tiers de la valeur de l'aéronef. Il y a là une disposition analogue à celle de la loi française du 21 septembre 1793 modifiée par celle des 9-13 juin 1845 et aux termes de laquelle la moitié au moins de la propriété d'un navire de mer devra appartenir à des Français, pour que ce navire puisse jouir des privilèges de la nationalité.

12. *Sociétés.* — D'après le texte adopté au Congrès de Paris, les aéronefs appartenant à une société ont la nationalité déterminée par le siège social de la société. On pourrait concevoir que les sociétés ayant une nationalité, celle-ci s'imposerait aux aéronefs leur appartenant. Mais il arrive fréquemment qu'une société ne choisit de se soumettre aux lois d'un pays et de lui emprunter sa nationalité que parce que ces lois lui permettent de se constituer plus facilement. Il peut arriver qu'aucun des membres de cette société n'appartienne à la nation sous l'empire des lois de laquelle elle se place ainsi.

13. *Marques de nationalité.* — Tout aéronef doit porter un signe de sa nationalité.

Quelles seront la forme et la nature de ce signe ? Il semble que l'État dont la nationalité est annoncée par ce signe, seul qualité pour en régler la nature, la forme et la couleur, de même qu'un État a seul qualité pour fixer les couleurs de son pavillon. Ce ne sera donc pas l'État qui procède à l'immatriculation, ni ceux dont le territoire pourra être survolé par l'aéronef qui auront à édicter une réglementation à ce sujet, mais l'État dont le propriétaire de l'aéronef sera le sujet. Il est à désirer néanmoins que cette question fasse l'objet d'une entente internationale afin que les diverses marques adoptées soient faciles à distinguer les unes des autres, l'emploi des pavillons ordinaires ne paraissant pas compatible avec les caractères des machines aériennes.

14. *Domicile des aéronefs.* — Il ne suffit pas que l'aéronef ait une nationalité. L'immensité du territoire des États modernes nécessite en outre le rattachement du navire aérien à un point particulier de ce territoire, tant au point de vue de la compétence administrative que de la compétence judiciaire. Deux solutions ont été proposées; l'une qui lui attribue le domicile de son propriétaire, l'autre qui lui attribue pour domicile le lieu où il est immatriculé.

L'une et l'autre de ces solutions ont leurs avantages. S'il s'agit d'un aéronef appartenant à un Allemand, par exemple, habitant l'Italie sans y être domicilié, et que cet aéronef soit immatriculé en Italie, à son lieu de garage habituel, il sera plus commode, dans la plupart des cas, de rendre compétent le tribunal du lieu de garage, si l'on admet la compétence du tribunal de la situation de l'objet en litige pour les procès relatifs à cet aéronef.

Ce sont les autorités de ce même lieu qui pourront le plus fréquemment avoir à agir pour l'application des mesures de police, conséquences de l'immatriculation.

Mais si l'on admet la compétence du tribunal du défendeur, il est plus logique que le domicile de l'aéronef se confonde avec celui de son propriétaire. Dans cette théorie, le domicile est difficile à déterminer, car il peut y avoir plusieurs propriétaires et le système d'après lequel la majorité d'entre eux doivent être compatriotes ne les contraint pas à avoir un domicile unique. Il est juste d'ajouter que rien n'empêche les divers États d'admettre l'immatriculation de l'aéronef dans plusieurs pays à la fois. Il nous semble que, quel que soit le système adopté, les circonstances du fait et le lieu de garage ordinaire de l'aéronef dans l'intervalle de ses voyages permettront de choisir soit entre les domiciles de ses divers propriétaires, soit entre ses divers lieux d'immatriculation.

Dans les textes du comité juridique international de l'aviation, toute disposition relative au domicile de l'aéronef a disparu à la suite du Congrès de Paris. On peut en conclure que le domicile est considéré comme se confondant avec le lieu d'immatriculation. En effet, d'après l'article 7, tout aéronef doit porter une marque indiquant le lieu de son immatriculation. Si son domicile, important à connaître pour les tiers, pouvait être distinct du lieu d'immatriculation, il devrait également être indiqué par un signe extérieur, ce qui, pratiquement, serait difficile. On conçoit que des centres administratifs peu nombreux puissent être distingués par des lettres ou des numéros. Au contraire, les communes d'un pays sont extrêmement nombreuses et le propriétaire d'un aéronef peut être domicilié dans n'importe laquelle.

15. *Immatriculation.* — Le droit international pose en principe la nécessité d'une immatriculation, c'est-à-dire de l'inscription permanente sur un registre public de tout

aéronef mis en circulation en dehors des aérodromes privés. Cette immatriculation est nécessaire pour l'identification de l'appareil. Seule, elle permet de constater si les marques extérieures qu'il porte sont bien celles auxquelles il a droit. Seule, elle permet, en l'absence de l'aéronef, d'obtenir sur lui les renseignements nécessaires, de dresser les listes de réquisition militaire, d'organiser l'enregistrement des mutations de propriété, des nantissements ou hypothèques, des saisies, etc. Pour toutes ces raisons, pour l'exercice des actions en responsabilité contre l'aéronef auteur d'un dommage et dont les numéros et marques ont pu être notés par la victime, ces listes d'immatriculation doivent être publiques. Le droit international laisse aux divers États le soin de réglementer les détails de cette immatriculation; c'est là, en effet, du droit administratif interne, soit qu'on reconnaisse cette prérogative à l'État au-dessus duquel l'aéronef circule, soit qu'on en confie le soin à l'État dont il possède la nationalité, soit qu'on admette la compétence de l'État sur les listes duquel il aura choisi de s'immatriculer.

16. *Document de bord.* — Il n'est pas moins nécessaire que l'aéronef emporte avec lui un extrait de ce registre d'immatriculation, afin que la visite de l'aéronef permette de connaître toutes les indications propres à l'individualiser et intéressant les tiers, sans qu'on soit obligé pour cela de se reporter au registre d'immatriculation. Bien souvent, en effet, les polices administrative, douanière, sanitaire ou criminelle auront à se livrer à des investigations ou constatations qui doivent être immédiates. Ce document ne doit pas être confondu avec le rôle d'équipage ni avec le livre de bord.

17. *Atterrissage.* — L'atterrissage et l'essor paraissent devoir être assimilés, en ce qui concerne l'indication des lieux où ils sont licites ou défendus.

Le droit à l'essor ou à l'atterrissage peut se trouver en conflit à la fois avec le droit privé du propriétaire terrien et avec le droit de police de l'État où ils ont lieu.

Théoriquement, on peut concevoir que le droit de l'aviateur soit toujours subordonné au droit du propriétaire du sol et qu'on ne puisse atterrir nulle part qu'avec l'autorisation de celui-ci. On peut admettre, au contraire, que son autorisation ne soit jamais nécessaire. On peut enfin admettre que, suivant la nature de la propriété, le propriétaire doive subir ou puisse défendre l'atterrissage.

Ce dernier système est seul raisonnable. Les voitures, les bateaux peuvent s'arrêter et stationner sur la voie même qu'ils parcourent. L'appareil aérien, sauf peut-être le dirigeable et par beau temps, ne peut stationner en l'air. L'appareil d'aviation, notamment dans l'état actuel, ne peut se soutenir au-dessus du sol qu'en marche. La navigation aérienne serait pratiquement impossible si un aéronef ne pouvait qu'aller d'un aérodrome à l'autre. D'autre part, elle deviendrait une cause de gêne intolérable et d'accidents constants si l'appareil pouvait se poser partout.

Il convient donc d'établir une servitude d'atterrissage limitée à la charge des propriétaires de certains terrains. Des servitudes de ce genre pèsent sur les riverains des voies publiques, et tous les propriétaires peuvent être considérés comme riverains de l'atmosphère.

Le Congrès de Paris a admis à cet égard une distinction entre les propriétés closes et non closes. Le propriétaire des terrains non clos ne peut y interdire l'atterrissage. Au contraire, le propriétaire d'un enclos est libre à cet égard.

Dans le système reconnaissant le droit absolu du propriétaire du sol, comme dans le système du Congrès de Paris (mais seulement en ce cas, en ce qui concerne les enclos), une autre question se pose. Si la volonté du propriétaire du sol n'est pas manifestée par des signes apparents, que devra-t-on présumer? l'absence de ces signes impliquera-t-elle l'autorisation ou l'interdiction?

La question nous paraît être du ressort des législations particulières. Une interprétation générale serait périlleuse. Sans doute, la plupart du temps, les enclos sont de dimensions exiguës : le fait de la clôture semble indiquer, chez le propriétaire, la crainte des intrusions. Néanmoins, il est des enclos, tels que, par exemple, les aérodromes publics ou privés, qui paraissent destinés aux atterrissages.

Il est tel vaste pâturage de l'Ouest américain qui, bien qu'enclos, permet l'atterrissage sans dégâts ni indiscrétion. Par contre, l'obligation pour le propriétaire hostile à l'atterrissage de placer dans chaque enclos un nombre suffisant de marques visibles de très haut, peut être très onéreuse et supprimer pratiquement son droit. Il faut donc une réglementation détaillée des conditions de l'exercice du droit d'interdire l'atterrissage reconnu par le droit international aux propriétaires d'enclos.

18. Il ne s'agit plus ici du conflit du droit d'atterrissage avec le droit privé du propriétaire du sol mais avec le droit de police de l'État territorial.

Ce droit de police doit lui être reconnu alors même qu'on n'admettrait pas sa souveraineté sur l'espace aérien qui le domine. Il s'agit, en effet, d'un acte qui a pour objet non plus l'air, mais le sol. L'État pourra donc interdire l'atterrissage même dans les lieux où le propriétaire du sol ne pourrait point l'interdire, même dans les lieux où il y consentirait.

Il s'agit d'une question de sécurité de l'État lui-même, des personnes sous sa garde ou des propriétés comportant un intérêt général.

Deux classes de terrains peuvent être considérées comme ne pouvant, à ce titre, servir à l'atterrissage, ni à l'essor.

Ce sont les terrains militaires fortifiés ou attenant aux fortifications; de même que les piétons et les véhicules terrestres n'y peuvent pénétrer à cause du secret que la défense nationale exige, de même les aéronefs ne sauraient y atterrir, sauf le cas de force majeure.

Ce sont, en second lieu, les agglomérations, dont les voies publiques sont en général encombrées et dont les enclos et les constructions sont trop habités et trop exigus pour qu'on puisse atterrir avec sûreté chez le propriétaire qui le permet sans risquer de tomber chez son voisin. Une exception doit être faite pour les emplacements désignés par les autorités municipales pour l'atterrissage libre ou facultatif.

La généralisation de la circulation aérienne fait prévoir l'établissement dans les communes de gares aériennes, soit sur de grandes places, soit sur les toitures des immeubles, soit sur les cours d'eau arrosant les villes.

Les législations particulières existant sur la matière ont d'ailleurs une tendance à élargir plutôt qu'à restreindre les prérogatives de l'État.

19. Le droit commun tendrait à ne rendre l'aéronaute responsable que de sa faute. L'atterrissage causé par un

cas fortuit ou par la force majeure, ne donnerait donc point lieu à dommages-intérêts. On pourrait même se demander si dans le cas d'atterrissage volontaire dans un terrain avec le consentement du propriétaire, les dégâts normaux ne demeureraient point à sa charge.

Mais dans le système admis aux numéros précédents il doit en être autrement. La servitude imposée aux propriétaires pour les terrains non clos a pour corollaire que cette prescription légale le laisse indemne; de même l'interdiction d'atterrir sur certains terrains lorsqu'elle est violée, même par suite d'une force majeure, suppose que le propriétaire du sol doit demeurer indemne et que cette force majeure, si elle ne constitue pas l'aéronaute en état de délit pénal, doit au moins laisser à sa charge le préjudice occasionné.

Le Congrès de Paris a donc admis un principe analogue à celui du risque professionnel. *Ubi emolumentum, ibi onus.*

L'aviateur ayant les avantages de la circulation aérienne, doit avoir les charges de l'atterrissage qui en est une conséquence.

L'aviateur est responsable à ce titre des dommages causés, non seulement au terrain et à ce qui s'y trouve. mais encore aux tiers qui peuvent être lésés du fait de l'atterrissage, à moins que leur présence ou celle des objets endommagés leur appartenant, sur ce terrain, ne soit l'effet d'une faute de leur part.

Cependant, la faute de la victime peut le décharger en tout ou en partie. Il faudrait même admettre que la faute du propriétaire du terrain ou de toute autre personne causant un dommage à l'aéronef, oblige à réparation vis-à-vis de l'aéronaute.

20. *Définition du jet.* — Il y a lieu de distinguer trois choses différentes : la projection volontaire hors de l'aéronef d'un objet quelconque, la projection volontaire du même objet quand le salut de l'équipage est subordonné à cette projection, enfin la chute de ce même objet se produisant sans le consentement du pilote ou d'une personne de l'équipage.

Il n'y a jet, au sens juridique du mot, que dans les deux premiers cas; dans le troisième il n'y a qu'une avarie de l'appareil.

La question de savoir si la projection en question est ou non licite, ne se pose que pour le jet et non pour l'avarie, mais dans les trois cas il y a lieu de statuer sur la réparation du préjudice causé sur le sort de l'objet tombé sur le sol; ce dernier point est réglé plus loin.

21. *Jet fait sans nécessité de salut.* — Le jet fait sans nécessité de salut, n'est évidemment licite que s'il n'est pas de nature à nuire aux personnes ou aux biens; il y a lieu de considérer à cet égard tant la nature de l'objet abandonné que la hauteur de chute et que l'état de la superficie sous-jacente.

On peut permettre le jet de tous objets opéré même par caprice au-dessus de la pleine mer lorsque aucun navire n'est en vue, ou au-dessus d'un désert. Il en est évidemment autrement lorsque l'aéronef survole des régions habitées ou couvertes de constructions ou de cultures. Dans ce cas, on ne saurait admettre le jet de corps durs toxiques, inflammables, colorants ou répugnants, en un mot de tous objets de nature à nuire aux personnes ou aux biens sous-jacents.

On peut ne pas interdire le jet, même opéré sans nécessité absolue, du lest, c'est-à-dire des corps de nature à se diviser par leur chute dans l'air; l'eau, le sable fin sont normalement employés pour cet usage par les aéronautes; pour le ballon libre et même dans certains cas pour le ballon dirigeable, il peut y avoir nécessité à l'employer pour la manœuvre ordinaire.

22. *Jet nécessaire pour le salut de l'équipage.* — La question est plus complexe en ce qui concerne le jet volontaire mais imposé par le péril présent de l'équipage. Il y a là une situation analogue à la légitime défense, quoique la situation soit moins favorable, puisque, dans la plupart des cas, le péril auquel le jet remédie, n'est pas l'œuvre de ceux qui risquent de souffrir de la chute de l'épave. Sans nul doute, on ne saurait permettre à une personne de prendre la vie d'autrui même pour sauver la sienne, mais il y a lieu, tout en interdisant en principe, même en cas de péril imminent, le jet lorsqu'il est dangereux pour les personnes se trouvant à terre ou pour les aéronefs ou les navires survolés, d'avoir égard aux circonstances; le péril de l'aéronef qui se déleste peut être très grand et les chances d'accident très minimes pour les personnes survolées; le dommage dont l'aéronef est menacé peut mettre en péril la vie de l'équipage alors que le jet ne lésera que des objets et non des personnes.

23. *Réparation du dommage causé.* — Dans tous les cas, aussi bien dans le cas de jet imposé par le péril que le jet absolument spontané et que dans le cas de chute involontaire d'une partie de l'aéroplane ou de son chargement, le Congrès de Paris admet la responsabilité de l'aéronef vis-à-vis des tiers lésés par la chute soit dans leurs personnes, soit dans leurs biens.

Même dans le cas d'une avarie produisant la chute invo
lontaire d'un objet tombant du bord, cet événement peut
être assimilé à la ruine d'un bâtiment. C'est la responsabilité du fait de la chose, fondée soit sur une présomption
de faute du constructeur ou du propriétaire chargé de
l'entretien, soit sur la compensation entre l'agrément
qu'en procure l'usage et l'inconvénient qui en est insé-
parable.

24. *Des rapports juridiques que crée le jet entre les propriétaires de l'aéronef et de son chargement.* — Il paraît
juridique d'étendre au navire aérien en risque de perdition la législation maritime relative au jet et à la contribution; les articles 413 à 429 du Code de Commerce français pourraient être sans grands changements transportés
dans le droit privé aérien. Néanmoins, il semble qu'en
ce qui concerne les aéronefs, il faille laisser au pilote,
sous sa responsabilité, la prérogative de décider du choix
des objets projetés du bord. Les dangers de la mer n'ont
pas l'instantanéité des dangers aériens et une délibération des principaux de l'équipage de l'aéronef peut être
absolument impossible. Tout au plus pourrait-on admettre une consultation des propriétaires du chargement pré-
sents à bord sur la nécessité du jet.

On ne saurait restreindre la contribution au jet aux
seuls cas de la tempête et de la chasse de l'ennemi. Un
aéronef peut se trouver en perdition en dehors de toute
tempête, s'il est amené à survoler soit la mer, soit le
désert, soit un territoire hostile pendant un temps exces-
sif étant donné soit la quantité de gaz ou de lest restant
dans le ballon, soit l'approvisionnement de combustible
de l'aéroplane.

Néanmoins, pour que le jet puisse donner lieu à contribution, il faut qu'il ne soit pas déterminé par le vice propre de la marchandise, soit par le vice de l'aéronef, ou la faute de l'équipage. Dans le premier cas, il constituerait une avarie simple à la charge de la marchandise prohibée ou dangereuse, dont le jet aurait été rendu nécessaire. Dans le second, il constituerait encore une avarie simple, mais le propriétaire de la marchandise aurait son recours, soit contre l'auteur du jet et le pilote qui l'aurait toléré, soit contre le propriétaire de l'appareil mal construit ou insuffisamment entretenu.

Le règlement d'avaries devrait être fait au lieu de déchargement, devant le tribunal compétent de ce lieu et conformément à la loi nationale de l'aéronef.

25. *Définition de l'épave.* — Il faut regarder comme épave, soit un aéronef abandonné, ou désemparé et le chargement qu'il contient, soit une partie détachée d'un aéronef.

Dans ce dernier cas, l'épave sera toujours découverte sur le sol.

Dans le cas d'un aéronef entier le sauvetage de l'épave peut avoir lieu dans l'air ou sur le sol. L'aéronef flottant dans l'atmosphère peut être soit désemparé sans être abandonné s'il a perdu ses moyens de direction en conservant ses moyens de sustentation, soit abandonné sans être désemparé si, dans le cas d'un appareil plus léger que l'air, son équipage est tombé du bord ou si au cours d'un atterrissage l'aérostat a échappé à ceux qui le retenaient, ou a rompu ses amarres. Il y aura lieu de considérer comme épave susceptible de sauvetage, l'aéronef abandonné, mais non l'aéronef simplement désemparé. L'aéronef désemparé mais monté peut être en état de naufrage, mais ne constitue pas une épave.

26. En ce qui concerne au contraire l'aéronef posé sur le sol, on ne peut considérer comme épave que celui qui est à la fois désemparé et abandonné. On ne saurait en effet appliquer la procédure de déclaration et les indemnités de découverte et de sauvetage à l'aéroplane que son conducteur, après un atterrissage dans un champ, aurait abandonné momentanément pour aller chercher de l'essence, des vivres ou une pièce de rechange chez le mécanicien voisin.

La raison de la différence qu'il convient d'établir sur ce point entre la législation aérienne et la législation maritime est que le bâtiment abandonné en mer est en danger de perdition, fût-il intact. Au contraire l'aéronef intact abandonné sur le sol ne court aucun risque différent de celui couru dans les mêmes conditions par un véhicule terrestre.

27. Que faut-il décider en ce qui concerne le chargement de l'aéronef? S'il se trouve dans l'appareil, il doit en suivre le sort. S'il est tombé du bord, soit par jet, soit par avarie, il constitue une épave indépendante. Néanmoins sa qualité d'épave aérienne sera souvent difficile à reconnaître, et dans la plupart des cas, il y aura lieu dans le doute de lui appliquer la législation ordinaire relative aux objets trouvés.

28. *Obligations de l'inventeur.* — Ces obligations consistent dans une déclaration à l'autorité. Pour les épaves rencontrées en pays habités, cette autorité sera l'autorité indiquée par la législation territoriale, ordinairement l'autorité municipale. Pour le délai et les formes de la déclaration, il y aura lieu de s'en référer à la législation de chaque État ainsi que pour les sanctions pénales.

Pour les épaves rencontrées en pleine mer, elles devront être traitées comme épaves maritimes.

Enfin, pour celles qui seraient rencontrées en pays désertiques, la déclaration devrait en être faite par l'inventeur au premier poste civilisé où il s'arrêtera et conformément à la loi nationale de ce poste en vertu du principe *locus regit actum*.

29. *Obligations de l'autorité locale.* — L'autorité compétente prend les mesures nécessaires pour assurer la conservation de l'épave et la découverte du propriétaire; elle fera déposer l'épave sous un hangar ou dans un magasin ou veillera à son amarrage et à sa garde. Elle publiera le fait de la découverte et les caractéristiques de l'épave. Au besoin elle fera procéder aux réparations qui ne pourraient être différées ou fera vendre le chargement susceptible de détérioration rapide.

30. *Droits et obligations du propriétaire de l'épave.* — Celui-ci peut la réclamer dans le délai d'un an à partir de la déclaration de la découverte. On ne saurait faire courir ce délai de l'époque de la publication qui peut être faite selon des formes diverses selon les Etats, à une ou plusieurs reprises et être permanente ou non.

Il doit restituer les frais faits pour la conservation et la publicité et payer à l'inventeur une prime calculée à raison de 10 0/0 de la valeur de l'épave au temps de la restitution déduction faite des frais.

31. *Naufrages.* — L'autorité territoriale doit prendre les mesures en son pouvoir pour prêter assistance aux aréonefs en danger. Les particuliers peuvent également secourir l'aéronef en danger de perdition avec le consen-

tement de l'équipage. Ils n'acquièrent de ce fait aucun droit de propriété sur l'appareil aérien ni aucun droit à la prime de 10 0/0 attribuée à l'inventeur de l'épave. Mais ils doivent être indemnisés par l'aéronef de leurs frais et pertes lorsque leur assistance a été demandée ou acceptée par lui, ou lorsque faute d'acceptation ou de refus prouvés la situation de l'aéronef faisait présumer que l'assistance ne pouvait qu'être acceptée de l'équipage.

Le pilote de l'aéronef conserve la direction des opérations d'assistance et les personnes qui s'imposent à lui ou ne lui obéissent pas peuvent être rendues responsables des conséquences préjudiciables de leur action.

Outre l'indemnité des pertes subies, ceux qui donnent leur assistance dans un naufrage aérien peuvent avoir droit à une prime s'il en a été stipulé une, soit comme condition de l'assistance, soit postérieurement.

Néanmoins, le montant de cette prime est toujours contestable si elle a été fixée pendant le péril imminent et peut être réduite si elle est injuste.

S'il a été promis une récompense sans que ce chiffre en ait été fixé, il appartient au tribunal compétent de l'arbitrer. Ce tribunal est celui du premier point de relâche.

Les personnes de l'équipage de l'aéronef en perdition ne sauraient stipuler une prime de cette nature non plus que les passagers.

Ceux-ci ont droit cependant au prix de leur travail et doivent être indemnisés des dommages résultant de leur participation aux travaux de sauvetage, soit que l'aéronef fût en état de naufrage, soit qu'il fût à l'état d'épave et qu'ils aient coopéré à son sauvetage.

ARTICLE 3. — Navigation aérienne en temps de guerre.

32. Nous emprunterons aux travaux de M. Fauchille et aux discussions de l'Institut de droit international la plupart des idées émises dans ce titre.

Les précédents sont assez peu nombreux; au cours des guerres de la Révolution française, le ballon captif fut employé pour l'observation par l'armée française. L'*Entreprenant* monté par le physicien Coutelle et l'adjudant général Morlot observa pendant dix heures le champ de bataille de Fleurus, et les deux compagnies d'aérostiers constituées à cette époque montrèrent à Maubeuge et à Charleroi les services qu'on pouvait attendre de l'engin nouveau. Pendant la guerre de 1870-1871, le ballon libre fut employé pendant le siège de Paris pour assurer les communications avec la province. L'Allemagne à cette époque tenta de faire entrer dans le droit international des dispositions assimilant les aéronautes aux espions. Mais cette thèse ne triompha point.

Durant la guerre italo-turque, l'Italie employa en Tripolitaine les services d'aviateurs italiens, officiers de son armée, non seulement pour reconnaître les positions ennemies mais encore pour les bombarder au moyen de grenades jetées à la main du bord.

33. Actuellement les jurisconsultes discutent encore dans quelle mesure la guerre aérienne est licite. A la conférence de la Haye un certain nombre d'États ont admis par deux déclarations signées le 29 juillet 1899 et le 18 octobre 1907, l'interdiction de lancer des projectiles ou des explosifs du haut des aérostats. Mais l'exemple donné par l'Italie permet de croire que les Etats belligérants n'hésiteront pas à employer les aéronefs à l'offen-

sive contre les troupes de terre et de mer de l'ennemi.
L'emploi des aéronefs comme engins de reconnaissance
implique la rencontre dans les airs de flottes aériennes,
et le combat pour la maîtrise de l'air. On ne saurait
d'autre part songer à empêcher les troupes de terre et de
mer de tirer sur les aéronefs qui les observent en temps
de guerre, ni par suite ceux-ci de riposter et même de prévenir une attaque. Au reste, la plupart des grandes
puissances, en armant leurs aéronefs militaires ou en
entreprenant des expériences de jet de projectiles, mon-
trent leurs intentions et l'inanité des discussions juridiques
sur ce point.

34. « Si la guerre fait naître des relations nouvelles
entre les États belligérants, dit M. Fauchille, elle laisse
intacte en principe la position de ces États en face de
tous les autres : les belligérants demeurent dans l'état
de paix vis-à-vis des neutres; c'est dès lors, dans leurs rapports, les règles du temps de paix qu'il y a lieu d'appliquer. En second lieu, les belligérants ne doivent
accomplir au-dessus du territoire des États neutres aucun
acte susceptible de nuire au droit de conservation de ces
États, c'est-à-dire à la sécurité de ces Etats neutres, des
personnes et des biens de leurs habitants. »

Que l'on admette le principe de l'air, *res nullius*, ou celui
de la souveraineté de l'État sous-jacent, ou encore celui
de la souveraineté commune et indivise de tous les États
que nous avons adopté, on arrive à peu près aux mêmes
conclusions sur le point qui nous occupe.

La plupart des partisans de la théorie de la liberté
de l'atmosphère admettent en effet que l'usage fait de
l'air ne doit pas nuire aux États neutres sous-jacents; les
partisans de la théorie de la souveraineté territoriale

de ces États neutres sur l'atmosphère les dominant admettront, *a fortiori*, le droit de ceux-ci d'interdire tout acte d'hostilité commis à leur zénith; enfin, dans le système qui n'admet qu'une réglementation internationale sur l'espace aérien, celle-ci ne saurait faire abstraction d'une neutralité que le droit international consacre.

Cependant une question se pose pour la circulation paisible des aéronefs militaires des belligérants au-dessus des territoires neutres. Les États sous-jacents peuvent l'interdire si l'on admet leur souveraineté sur l'espace aérien qui les domine. Dans les deux autres systèmes, cette circulation inoffensive serait un droit pour les aéronefs militaires belligérants. Doit-on considérer comme circulation paisible la manœuvre d'un aéronef belligérant qui survolant un territoire neutre non loin de la frontière de l'autre belligérant, observe de cet endroit les fortifications ou les troupes de celui-ci?

Il nous semble qu'il y là un acte d'hostilité qui doit être interdit comme susceptible d'entraîner un combat aérien dont le territoire neutre est exposé à souffrir.

Nous admettrons donc le texte suivant :

Les États belligérants ont devoir de s'abstenir de tout acte d'hostilité, au-dessus du territoire des États neutres et de la mer territoriale de ceux-ci. Est assimilée à un acte d'hostilité l'exploration du territoire ennemi accomplie par un aéronef survolant un État neutre.

La circulation des aéronefs militaires ou non des États belligérants ne peut être interdite.

35. *Course aérienne.* — Elle doit être interdite aux belligérants comme la course maritime et pour les mêmes raisons.

36. *Incorporation des aéronefs privés.* — Elle doit être permise par analogie avec ce qui se passe en matière maritime. L'aéronef privé transformé en aéronef de guerre doit porter un signe extérieur de son caractère militaire. Il doit être commandé par un officier de l'État belligérant dûment commissionné.

Cette transformation peut être accomplie dans toute partie de l'atmosphère. Elle est définitive et la transformation inverse ne peut être accomplie avant la fin de la guerre. Nous n'admettons pas la souveraineté territoriale, et par conséquent ne saurions admettre avec M. Fauchille que la transformation de l'aéronef privé d'un pays belligérant en aéronef de guerre, transformation qui ne peut nuire à la sûreté de l'État neutre, puisse être interdite par lui au-dessus de son territoire.

37. *Lois et coutumes de la guerre.* — Les coutumes de la guerre terrestre, en ce qui concerne les prisonniers de guerre, les parlementaires, les ruses permises ou défendues nous paraissent devoir être étendues à la guerre aérienne. (La Ire section, chapitre II et la IIe section, chapitres I et III du règlement de la Haye du 18 octobre 1907.)

38. *Restrictions au droit de destruction.* — Il y a lieu d'appliquer à la guerre aérienne, conformément à l'opinion de M. Fauchille, l'interdiction formulée dans les deuxième et troisième déclarations de la Haye du 29 juillet 1899, de lancer du haut des aéronefs des projectiles ayant pour but de répandre des gaz asphyxiants ou délétères ainsi que des balles s'épanouissant ou s'aplatissant facilement dans le corps humain.

Il est de même interdit de bombarder par des forces

aériennes des villes, des villages, habitations ou bâtiments qui ne sont pas défendus. Cette interdiction de bombardement ne se rapporte pas à des bâtiments qui servent continuellement ou passagèrement à des centres de direction militaire (quartier général, état-major, ministère de la guerre, de la marine, docks, arsenaux, entrepôts de vivres militaires, points stratégiques, lignes de chemin de fer mobilisées et leurs ouvrages d'art, manufactures de munitions de guerre).

Les règles établies par les Conventions de La Haye, du 18 octobre 1907, en ce qui concerne les sièges et les bombardements par des forces terrestres ou par des forces navales sont applicables à la guerre aérienne.

39. *Espionnage.* — Ne peuvent être traités comme suspects d'espionnage que les aéronefs qui, agissant clandestinement ou sous de faux prétextes, et dissimulant ainsi leurs opérations, recueillent ou cherchent à recueillir des informations au-dessus du territoire d'un belligérant ou au-dessus d'un territoire occupé par ses troupes ou en pleine mer, au-dessus d'une de ses escadres ou de ses navires de guerre, et d'une manière générale dans la zone de ses opérations, avec l'intention de les communiquer à la partie adverse.

Ne sont pas, en conséquence, considérés en principe comme espions, mais doivent être traités comme prisonniers de guerre, s'ils sont capturés, les militaires non déguisés chargés d'un service d'exploration en aéronef et les individus envoyés en aéronef pour transmettre des dépêches et, en général, pour entretenir les communications entre les diverses parties d'une armée ou d'un territoire.

40. *Saisie et capture.* — Les aéronefs publics d'un État belligérant qui ne sont pas des aéronefs militaires sont susceptibles de saisie et de confiscation.

Les aéronefs privés ennemis peuvent être saisis par un belligérant au-dessus de son territoire ou de ses eaux territoriales, au-dessus du territoire ou des eaux territoriales de son adversaire et au-dessus de la pleine mer, mais ils devront à la paix être restitués sans indemnité. Les marchandises privées, même ennemies, qui sont à bord de ces aéronefs ne sont pas saisissables. Les dispositions qui précèdent ne modifient en rien le droit de confiscation qui appartient aux belligérants, en vertu des règles concernant les blocus ou la contrebande de guerre, et d'une manière générale, lorsque les aéronefs privés ennemis se livrent à des actes hostiles ou sont employés à une œuvre militaire.

41. *La validité ou la nullité de l'acquisition de la nationalité neutre* par un aéronef ennemi dépend, conformément aux dispositions du chapitre V de la déclaration de Londres du 26 février 1909, du moment où elle a été effectuée et des conditions dans lesquelles elle a été réalisée.

Le caractère neutre ou ennemi de l'aéronef est déterminé par le signe distinctif de la nationalité qu'il a le droit de porter.

Lorsqu'un aéronef privé ennemi ou un aéronef public ennemi non militaire est saisi par un belligérant, le capitaine et les hommes de l'équipage, nationaux de l'État ennemi ou nationaux de l'État neutre, ne sont pas faits prisonniers de guerre, mais doivent être laissés libres sous les conditions prévues par le chapitre III de la Convention de La Haye, du 18 octobre 1907, relatives à certaines restrictions à l'exercice du droit de capture dans la guerre maritime.

42. La destruction d'un aéronef privé ennemi ou d'un aéronef public ennemi n'est autorisée, comme mesure exceptionnelle, que si l'aéronef se comporte en aéronef militaire, ou s'il y a de sa part refus de suivre le capteur après le signal de capture; la destruction de l'aéronef ne peut être opérée qu'après qu'une sommation spéciale lui aura été préalablement faite.

43. Le droit de capture est reconnu aux belligérants même sur les aéronefs privés et les aéronefs publics ennemis qui, par accident ou relâche forcée, tombent sur leur territoire.

Les aéronefs privés d'un des belligérants qui se trouvent à l'ouverture des hostilités sur le territoire de l'ennemi, et ceux qui, ayant quitté leur dernier port de départ avant le commencement de la guerre, sont parvenus sur ce territoire sans connaître les hostilités, ne peuvent être saisis dans les conditions fixées au numéro 40 que si un délai de faveur ne leur a pas été accordé pour en sortir et s'ils n'ont pas profité du délai qui leur a été octroyé. Un délai de faveur ne peut être accordé aux aéronefs privés ennemis dont la construction indique qu'ils sont destinés à être transformés en aéronefs de guerre. Les aéronefs privés ennemis qui ont quitté leur dernier port de départ avant le commencement des hostilités, et qui sont rencontrés dans l'espace, ignorants des hostilités, peuvent être saisis comme tous autres aéronefs privés ennemis. Les aéronefs publics non militaires peuvent bénéficier du délai de faveur dans les mêmes conditions que les aéronefs privés.

44. Sont exempts de saisie, dans les conditions prévues aux chapitres I et II de la Convention de La Haye du 18 octobre 1907 relatives à certaines restrictions à l'exercice du droit de capture dans la guerre maritime, les aéronefs chargés de missions scientifiques et philanthropiques.

Relativement au traitement des malades et des blessés, on doit se référer à celles des dispositions de la Convention de La Haye du 18 octobre 1907, pour l'adaptation à la guerre maritime des principes de la Convention de Genève, qui peuvent recevoir leur application à la guerre aérienne. Les blessés et les malades belligérants déposés par un aéronef sur le territoire d'un État neutre, du consentement de l'autorité locale, devront, à moins d'un arrangement contraire de l'État neutre avec les belligérants, être gardés par l'État neutre de manière qu'ils ne puissent pas de nouveau prendre part aux opérations de la guerre. Les frais d'hospitalisation et d'internement seront supportés par l'État dont relèvent les blessés ou malades.

L'armée qui envahit ou occupe un territoire ennemi peut saisir les aéronefs de nationalité ennemie, même s'ils appartiennent à des personnes privées, mais, dans ce dernier cas, ils devront être restitués et les indemnités seront réglées à la paix, comme il est dit à l'article 23 du règlement de la Convention de La Haye, du 18 octobre 1907, sur les lois et coutumes de la guerre sur terre.

RAPPORTS DES NEUTRES ET DES BELLIGÉRANTS

45. Les aéronefs militaires des belligérants qui pénètrent sur le territoire d'un État neutre ne doivent pas y demeurer plus de 24 heures, à moins que leurs avaries ou l'état de l'atmosphère ne les empêchent de partir dans ce délai. Si des aéronefs de deux parties belligérantes se trouvent simultanément en un même point de ce territoire, il doit s'écouler au moins 24 heures entre le départ de l'aéronef d'un belligérant et le départ de l'aéronef de l'autre. L'ordre des départs est déterminé par l'ordre des arrivées, à moins que l'aéronef arrivé le premier ne soit dans le cas où la prolongation de la durée légale de séjour est admise. Les aéronefs belligérants ne doivent rien faire en territoire neutre qui puisse augmenter leur puissance militaire, et leur présence ne doit en aucune manière préjudicier à l'État neutre; les seuls actes qu'ils peuvent accomplir sont ceux que l'humanité ne permet pas d'interdire et qui leur sont indispensables pour atteindre le point le plus rapproché de leur pays ou d'un pays allié au leur pendant la guerre. D'une manière générale, il convient d'appliquer à la guerre aérienne les principes posés par la Convention de La Haye du 18 octobre 1907, concernant les droits et les devoirs des puissances neutres en cas de guerre maritime.

46. La navigation aérienne des pays neutres demeure libre. La confiscation des aéronefs neutres survolant un territoire belligérant n'est admise qu'en cas d'espionnage.

Les aéronefs neutres ne peuvent même, au delà de 11.000 mètres à compter des côtes d'un belligérant, approcher des points de ces côtes qui sont soumis à un blocus dont le rayon d'action est supérieur à cette distance. Les aéronefs neutres qui se trouvent dans un port bloqué ne peuvent en sortir. Les règles édictées par la déclaration de Londres du 26 février 1909 en matière de blocus sont applicables dans la guerre aérienne comme dans la guerre maritime.

47. Les marchandises qui constituent de la contrebande de guerre doivent être confisquées à bord des aéronefs neutres comme à bord des aéronefs ennemis. Est
également inviolable la correspondance postale des belligérants à bord d'un aéronef neutre et celle des neutres
à bord d'un aéronef ennemi. La correspondance privée
ennemie est inviolable à bord d'un aéronef ennemi.

En ce qui concerne la détermination des objets de
contrebande de guerre et les conditions dans lesquelles
il y a lieu en ce cas de procéder à des saisies, il convient
d'appliquer les règles édictées pour la guerre maritime
par le chapitre II de la déclaration de Londres du 26 février 1909.

Parmi les objets de contrebande conditionnelle qu'il
y a lieu de déclarer saisissables, s'ils sont destinés à
l'usage des forces armées ou des administrations de
l'État ennemi, on doit ranger les aéronefs, les pièces
détachées caractérisées, ainsi que les accessoires, objets
et matériaux caractérisés comme devant servir à l'aérostation.

48. Les dispositions du chapitre III de la déclaration
de Londres du 26 février 1909 relative à l'assistance hostile
donnée par des navires neutres doivent recevoir leur
application en ce qui concerne les aéronefs neutres.
Les belligérants au-dessus de leur territoire ou du territoire ennemi peuvent obliger les aéronefs privés neutres à
atterrir pour se laisser visiter. Les aéronefs neutres sous
convoi de leur pavillon sont exempts de visite. Les
aéronefs neutres peuvent être détruits dans les mêmes
conditions que les aéronefs belligérants.

Le droit de saisie et de confiscation, dans les cas et dans
la mesure où il peut s'exercer en vertu des dispositions

qui précèdent, est reconnu aux belligérants même sur les aéronefs neutres, qui, par accident ou relâche forcée, tombent sur leur territoire.

Les sujets d'un État neutre en ce qui concerne les aéronefs qu'ils possèdent sur les territoires des parties belligérantes doivent être traités comme ceux des États de guerre.

PRISES AÉRIENNES

49. Le jugement des prises aériennes est soumis aux mêmes règles que celui des prises maritimes. Si la saisie de l'aéronef ou des marchandises n'est pas validée par la juridiction des prises ou si, sans qu'il y ait eu de mise en jugement, la saisie n'est pas maintenue, les intéressés ont droit à des dommages-intérêts, à moins qu'il y ait eu des motifs suffisants de saisir l'aéronef et les marchandises. En cas de destruction d'un aéronef, si le capteur ne justifie pas avoir agi en présence de la nécessité prévue au numéro 42, il est tenu à indemnité vis-à-vis des intéressés, sans qu'il y ait à rechercher si la capture était valable ou non.

CHAPITRE II

—

NAVIGATION AÉRIENNE EN DROIT FRANÇAIS

---

50. La navigation aérienne est régie en droit français par un décret du 21 novembre 1911 paru au *Journal officiel* le 25 novembre (1). Ces dispositions ne peuvent

---

(1) *Décret du 21 novembre 1911.*

TITRE Ier

DES PERMIS DE NAVIGATION

Art. 1er. — Aucun aéronef ne peut être mis en service en France sans un permis de navigation, à moins qu'il ne satisfasse aux conditions prévues par les conventions internationales.

Art. 2. — La demande de permis est adressée par le propriétaire de l'aéronef au préfet de la résidence.

A la demande doivent être joints :

1° L'indication du nom, du domicile et de la nationalité du propriétaire. Si la demande émane d'un étranger, l'identité du requérant est établie par des actes visés par les autorités consulaires de son pays;

2° La photographie de l'aéronef, si la demande s'applique à un ballon dirigeable ou à un appareil d'aviation;

3° La justification que l'aéronef est d'origine française ou a acquitté les droits de douane;

4° Un certificat de navigabilité.

Art. 3. — Le certificat de navigabilité est établi par le service des mines après essais jugés par lui suffisants.

Le certificat de navigabilité doit contenir les indications suivantes : nom ou raison sociale et domicile du constructeur; lieu et année de la fabrication; numéros et autres marques d'identification données par le constructeur; caractéristiques de l'aéronef conformément aux prescriptions déterminées par une instruction du ministre des

donc toucher qu'à la police de la navigation aérienne. Un

Travaux publics. Le requérant est tenu de remettre au service des mines tous les documents nécessaires à l'établissement de ces indications.

Peuvent être considérés par le service des mines comme présentant des garanties suffisantes de navigabilité : les aéronefs reconnus, après essais, aptes à naviguer par les associations habilitées à cet effet, ceux d'origine française conformes à un type déjà agréé, ainsi que les ballons libres.

En vue de l'application du présent article, tout constructeur d'un appareil d'un type déjà agréé doit donner à chaque appareil un numéro de série, et dans la série à laquelle il appartient, un numéro d'ordre. Il remet à son acheteur une déclaration indiquant les caractéristiques de l'aéronef et attestant qu'elles sont entièrement conformes à celles du type déjà agréé. Cette pièce est jointe à la demande de certificat adressée au service des mines.

Sont également adressées au service des mines les attestations de navigabilité émanant des sociétés qui ont constaté la navigabilité d'un aéronef.

Art. 4. — Sur le vu de la demande de permis et des pièces annexées, le préfet procède à l'immatriculation de l'aéronef.

L'inscription sur le registre matricule comprend : 1° la date de l'inscription; 2° le numéro d'ordre du registre matricule; 3° l'indication du port d'attache si l'aéronef est un ballon dirigeable; 4° la description de l'aéronef; 5° l'indication des marques d'identification données par le constructeur; 6° les lettres et le numéro distinctifs donnés par le préfet dans les conditions qui seront fixées par le ministre des Travaux publics; 7° les nom, domicile et nationalité du propriétaire de l'aéronef.

Après avoir procédé à l'immatriculation, le préfet délivre le permis de navigation qui reproduit les mentions du certificat de navigabilité et celles du registre matricule. Sur le permis est apposée la photographie de l'aéronef, s'il s'agit d'un ballon dirigeable ou d'un appareil d'aviation.

Art. 5. — Aucun aéronef ne peut circuler sans porter en caractères apparents, dans les conditions qui seront fixées par le ministre des Travaux publics :

1° La lettre F, si l'aéronef appartient à un Français ou à un étranger domicilié en France, ou à une société ayant son siège social en France;

2° Les lettres et numéros distinctifs inscrits sur le registre matricule.

Art. 6. — Le permis de navigation cesse d'être valable et doit être renouvelé en cas de changement entraînant des modifications dans ses énonciations. Le permis qui a cessé d'être valable doit être renvoyé par le titulaire de ce permis au préfet dont il émane, aux fins de radiation à effectuer sur le registre matricule.

Le propriétaire d'un aéronef est également tenu de renvoyer aux

certain nombre de questions que la loi seule peut résoudre

---

fins de radiation son permis de navigation au préfet qui l'a délivré si l'aéronef a été détruit ou s'il est hors d'usage.

Art. 7. — A toute époque, le service des mines peut visiter les aéronefs admis à circuler.

Les associations dûment habilitées peuvent également visiter les aéronefs dont elles ont garanti la navigabilité; elles doivent communiquer au service des mines le résultat de leurs visites.

S'il est constaté qu'un aéronef ne répond plus aux spécifications du permis de navigation, ce permis est retiré par arrêté du préfet sur avis du service des mines, et notification immédiate de cet arrêté est faite au propriétaire de l'appareil.

S'il est reconnu qu'un aéronef n'est pas en bon état d'entretien, le permis peut également être retiré, après une mise en demeure restée sans effet.

TITRE II

DE LA CONDUITE DES AÉRONEFS

Art. 8. — Les aéronefs ne sont admis à circuler que s'ils ont à bord un pilote pourvu d'un brevet d'aptitude.

Le brevet d'aptitude est délivré par le préfet, après examen par le service des mines ou par une société habilitée à cet effet par l'Administration.

Art. 9. — Des brevets différents sont délivrés pour la conduite d'un ballon libre, d'un ballon dirigeable ou d'un appareil d'aviation, et le brevet d'aptitude délivré pour une catégorie d'aéronefs n'habilite pas à conduire un appareil d'une autre catégorie.

Art. 10. — Le brevet d'aptitude contient les nom, prénoms et signalement du titulaire, son lieu et sa date de naissance, ainsi que sa photographie et sa signature.

Il ne peut être accordé à des personnes âgées de moins de dix-huit ans, sauf autorisation spéciale du ministre des Travaux publics; il ne peut être délivré qu'à des personnes de bonne moralité.

Le brevet d'aptitude peut être retiré par le préfet, sauf recours au ministre des Travaux publics, s'il est évident que les conditions dans lesquelles il a été délivré ne sont plus remplies.

TITRE III

DE LA CIRCULATION DES AÉRONEFS

Art. 11. — Il est interdit aux aéronefs d'atterrir dans les agglomérations, sauf sur les emplacements spécialement désignés par l'autorité municipale.

Art. 12. — Sauf autorisation spéciale, il est défendu aux aéronefs de passer au-dessus des zones interdites. Ces zones sont énu-

demeurent donc du ressort de la doctrine et nous renvoyons

---

mérées par un décret qui en définit les limites et qui est inséré au *Journal officiel*.

Art. 13. — Tout aéronef qui s'engage sans autorisation au-dessus d'une zone interdite est tenu d'atterrir dès qu'il y est invité et, s'il y a impossibilité de le faire immédiatement, dès qu'il le peut.

Art. 14. — L'Administration arrêtera les modes d'avertissements qui pourront être employés pour prévenir un aéronef qu'il est au-dessus d'une zone interdite et pour l'inviter à atterrir.

Art. 15. — Sauf autorisation spéciale du ministre de l'Intérieur, le transport, par aéronefs, des explosifs, armes et munitions de guerre, pigeons voyageurs, est interdit.

Cette autorisation ne sera valable pour le transport des pigeons voyageurs qu'avec l'assentiment du ministre de la Guerre ou de la Marine quand l'aéronef sera autorisé à passer au-dessus des zones interdites.

Art. 16. — Le transport et l'usage des appareils de photographie sont interdits, à moins d'autorisation spéciale du préfet.

Cette autorisation ne sera valable qu'avec l'assentiment du ministre de la Guerre ou de la Marine, quand l'aéronef sera autorisé à passer au-dessus des zones interdites.

Art. 17. — Les aéronefs ne peuvent avoir à leur bord des appareils radiotélégraphiques ou radiotéléphoniques qu'à la condition d'y avoir été autorisés par le ministre des Travaux publics, des Postes et des Télégraphes, après avis de la commission interministérielle de télégraphie sans fil.

TITRE IV

DES RÈGLES A OBSERVER LORS DU DÉPART, DE L'ATTERRISSAGE ET EN COURS DE ROUTE

Art. 18. — Sans préjudice de l'accomplissement des formalités fiscales, les aéronefs doivent avoir à bord, pour circuler, leurs permis de navigation, ainsi que les brevets du personnel obligé d'en être muni.

Il est tenu, en outre, un livre de bord.

Ces documents doivent être présentés à toute réquisition de l'autorité publique.

Art. 19. — Le livre de bord doit contenir les indications suivantes : la catégorie à laquelle appartient l'aéronef, le lieu et le numéro d'immatriculation, le nom, la nationalité, la profession et le domicile du propriétaire.

Art. 20. — Sont portés sur le livre de bord pour chaque ascension :

1° Le nom, la nationalité, le domicile du pilote et des hommes d'équipage, ainsi que les noms des voyageurs;

2° L'indication de la marche suivie en plan et en altitude toutes les fois que les circonstances le permettront; pour les ballons dirigeables,

pour leur solution aux principes de droit international développés plus haut.

---

la marche en plan est indiquée sur une carte et la marche en altitude l'est à l'aide d'un barographe qu'ils sont tenus d'avoir à bord;

3° L'indication de tous les événements intéressants, notamment les escales et les accidents survenus à l'aéronef, à l'équipage et aux autres voyageurs.

Les mentions ci-dessus énumérées sont portées sur le livre de bord autant que possible au cours de l'ascension ou, en cas d'empêchement, après l'ascension et dans un délai maximum de douze heures.

Art. 21. — Pour les appareils d'aviation, les indications relatives au personnel, aux points de départ et d'arrivée, aux escales et aux accidents sont seules exigées.

Art. 22. — Le livre de bord doit être conservé pendant deux ans après la dernière inscription et être représenté à toute réquisition de l'autorité publique.

Art. 23. — Les représentants de l'autorité publique peuvent visiter tout aéronef pour exercer les droits de police et de surveillance fiscale.

Art. 24. — Quand un aéronef arrive de l'étranger, le pilote doit immédiatement prévenir le maire de la localité du point d'atterrissage qui veille à ce que le chargement, s'il y a lieu, ne puisse être distrait, ni le matériel emporté avant que les agents du fisc n'aient pu procéder aux vérifications et aux opérations nécessaires.

Art. 25. — La circulation aérienne doit être effectuée en conformité du règlement spécial annexé au présent décret et concernant notamment :

Les feux;

Les signaux phoniques;

Les règles de route et de manœuvres;

Les signaux d'atterrissage et de détresse;

L'emploi du lest.

Art. 26. — En cas de danger couru par un aéronef, les autorités locales doivent prendre les mesures en leur pouvoir pour lui prêter assistance.

Art. 27. — Toute personne qui trouve une épave d'aéronef doit en faire la déclaration à l'autorité municipale; si l'épave est trouvée en mer, la déclaration doit être faite à l'autorité du premier port où le navire aborde.

TITRE V

DES AÉRONEFS PUBLICS

Art. 28. — Sont considérés comme aéronefs publics les aéronefs affectés au service de l'État et se trouvant sous les ordres d'un fonctionnaire à ce dûment commissionné.

Art. 29. — Les dispositions du présent règlement sont applicables aux aéronefs publics, à l'exception des articles 2 à 10 et 17 à 23.

Les conditions techniques applicables aux appareils radiotélégra-

SECTION PREMIÈRE

L'ESPACE AÉRIEN. — SOUVERAINETÉ. — DROITS ET OBLIGATIONS DES RIVERAINS

51. Le règlement français ne choisit point expressément entre le système de la souveraineté territoriale de

---

phiques et radiotéléphoniques placés à bord des aéronefs publics sont fixées par le ministère intéressé, après avis de la commission interministérielle de télégraphie sans fil.

Art. 30. — Sont considérés comme aéronefs militaires, les aéronefs publics placés sous les ordres d'un commandant portant l'uniforme et qui ont à bord un certificat établissant leur caractère militaire. Les dispositions mentionnées aux articles 12 à 16 ne leur sont pas applicacables.

Art. 31. — Les aéronefs publics portent comme seule marque un signe distinctif qui est différent pour les aéronefs militaires et pour ceux dépendant des autres administrations publiques.

Art. 32. — La circulation en France des aéronefs militaires étrangers est interdite.

TITRE VI

DISPOSITIONS DIVERSES

Art. 33. — Ne sont pas soumis aux dispositions des titres I et II et des articles 18 à 22, 24, 26 et 27 du titre IV les aéronefs évoluant au-dessus des aérodromes, tant que ces évolutions ne donnent pas lieu à spectacle public.

Pour les aéronefs évoluant en dehors des aérodromes dans les régions agréées par l'A'dministration des Travaux publics comme champs d'expérience, les titres I et II et les articles 18 à 22 du titre IV ne sont pas applicables.

Art. 34. — Les évolutions d'aéronefs, lorsqu'elles constituent des spectacles publics, ne peuvent avoir lieu qu'en vertu d'une autorisation du préfet, après avis du maire.

Pour les épreuves comportant un trajet au-dessus de la pleine campagne et organisées à date fixe, l'autorisation sera donnée après avis des maires des communes où doivent avoir lieu les départs, les escales et les arrivées, par le préfet du département si un seul département est intéressé, par le ministre de l'Intérieur en cas contraire.

Pour ces épreuves, comme pour les spectacles publics, la demande

l'État sous-jacent, le système de la souveraineté du pavil-

---

doit être faite un mois au moins à l'avance, afin de permettre à l'autorité compétente de prendre dans l'intérêt public toutes les mesures nécessaires.

Aucune autorisation ne peut être accordée que sous réserve de l'engagement pris par le pétitionnaire de supporter les frais de surveillance et tous autres frais occasionnés à l'Administration par l'épreuve.

Le pétitionnaire doit, à cet effet, déposer une consignation préalable.

ANNEXE
I. — RÈGLES CONCERNANT LES FEUX

Art. 1er. — Les règles concernant les feux doivent être observées par tous les temps, du coucher au lever du soleil, et, pendant cet intervalle, on ne doit montrer aucun feu pouvant être pris pour un des feux prescrits.

Feux que doivent porter les ballons dirigeables.

Art. 2. — Un ballon dirigeable faisant route, c'est-à-dire ayant une vitesse propre, doit porter :

a) A l'avant, un feu blanc brillant disposé de manière à montrer une lumière ininterrompue sur tout le parcours d'un arc horizontal de 220°, soit 110° de chaque côté de l'aéronef à partir de l'avant;

b) A droite, un feu vert établi de manière à projeter une lumière ininterrompue sur tout le parcours d'un arc horizontal de 110°, c'est-à-dire depuis l'avant jusqu'à 20° sur l'arrière du travers, du côté droit;

c) A gauche, un feu rouge établi de manière à projeter une lumière ininterrompue sur tout le parcours d'un arc horizontal de 110° c'est-à-dire depuis l'avant jusqu'à 20° sur l'arrière du travers, du côté gauche;

d) Les trois feux, blanc, vert et rouge. devront être visibles dans chaque plan vertical correspondant à leurs zones respectives dans toute direction comprise entre la verticale. vers le bas, et une ligne se rapprochant autant que possible de la verticale et faisant un angle d'au moins 30° avec l'horizontale, vers le haut;

e) Les feux de côté, vert et rouge, devront être munis d'écrans disposés de telle sorte que leur lumière ne puisse être aperçue du côté opposé;

f) Le feu blanc doit être visible à une distance d'au moins 4 kilomètres, les feux vert et rouge, à une distance d'au moins 2 kilomètres par nuit noire et atmosphère pure;

g) Un ballon dirigeable devra, en outre, avoir les moyens de montrer occasionnellement un feu blanc derrière, s'il est rattrapé par un autre aéronef.

Feux des appareils d'aviation.

Art. 3. — Les règles relatives aux feux sont applicables, en principe,

lon et le système de la souveraineté indivise internationale.

---

aux appareils d'aviation. Toutefois, par une mesure de tolérance temporaire, ils ne sont astreints qu'à porter un seul fanal, disposé de manière à montrer un feu vert à droite et un feu rouge à gauche

Les angles de visibilité, dans le plan horizontal, doivent être ceux prévus pour les ballons dirigeables. En ce qui concerne les angles de visibilité dans le plan vertical et le minimum de visibilité des feux, il est simplement recommandé de se rapprocher autant que possible des règles qui ont été prescrites ‚ pour les ballons dirigeables.

Feu des ballons libres.

Art. 4. — Les ballons libres doivent avoir, prêt à servir, un fanal à feu blanc et le montrer à l'approche d'un autre aéronef.

II. — SIGNAUX PHONIQUES

Art. 5. — *a)* Par les temps de brouillard, de brume, de bruine, de neige ou pendant les forts grains de pluie, les ballons dirigeables doivent, tant de jour que de nuit, faire usage de signaux phoniques puissants discontinus.

b) Dans les mêmes conditions, les ballons libres devront faire usage de signaux analogues lorsqu'ils seront dans le voisinage d'aéronefs à moteur.

c) Les règles ci-dessus ne sont applicables aux appareils d'aviation que dans la mesure du possible.

III. — RÈGLES DE ROUTE ET DE MANŒUVRES

Art. 6. — Un aéronef à moteur doit toujours se tenir à une distance d'au moins 100 mètres de tout autre aéronef, dans toute direction horizontale, verticale ou oblique.

Art. 7. — Les aéronefs à moteur doivent toujours s'écarter des ballons libres.

Art. 8. — Lorsque deux aéronefs à moteur font des routes qui se croisent de manière à faire craindre une collision, l'aéronef qui voit l'autre sur la droite de sa propre direction doit s'écarter de la route de cet autre aéronef.

Quand, d'après la règle ci-dessus, l'un des navires aériens doit changer sa route, l'autre doit conserver la sienne et maintenir sa vitesse.

Art. 9. — Tout aéronef à moteur qui est tenu, d'après ces règles, de s'écarter de la route d'un autre aéronef doit, si les circonstances de la rencontre le permettent, éviter de couper la route de l'autre aéronef sur l'avant de celui-ci.

Art. 10. — Lorsque deux aéronefs à moteur ont le cap l'un sur l'autre ou presque l'un sur l'autre, en suivant des directions opposées ou à peu près opposées, à des altitudes peu différentes, de manière à

L'article 1er ne tranche pas la question. Il dispose

---

faire craindre une collision, chacun d'eux doit venir sur la droite de sa propre direction, de manière à laisser l'autre sur sa gauche.

Art. 11. — Quelles que soient les prescriptions des articles qui précèdent, tout aéronef à moteur qui en rattrape un autre, doit s'écarter de la route de ce dernier.

Doit être considéré comme aéronef qui en rattrape un autre, tout aéronef qui se rapproche d'un autre en venant d'une direction de plus de 20° sur l'arrière du travers de ce dernier, c'est-à-dire qui se trouve dans une position telle, par rapport à l'aéronef rattrapé, qu'il ne pourrait, pendant la nuit, apercevoir aucun des feux de côté de celui-ci. Aucun changement ultérieur dans le relèvement des deux aéronefs ne pourra faire considérer l'aéronef qui rattrape l'autre comme croisant la route de ce dernier, au sens de l'article 8, et ne pourra l'affranchir de l'obligation de s'écarter de la route de l'aéronef rattrapé jusqu'à ce qu'il l'ait tout à fait dépassé.

Art. 12. — Toutes les fois que les règles précédentes ne précisent pas la manœuvre qui doit être faite, l'aéronef ou les aéronefs qui ont l'obligation de manœuvrer peuvent le faire aussi bien dans le sens vertical que dans le sens horizontal.

Art. 13. — En cas de collision imminente, les deux aéronefs doivent faire la meilleure manœuvre possible. En particulier, le plus élevé doit manœuvrer pour monter et l'autre pour descendre.

Lorsqu'ils sont au même niveau, en cas de croisement, celui des deux qui aperçoit l'autre sur la droite de sa propre direction doit manœuvrer pour monter et l'autre pour descendre.

Art. 14. — Lorsqu'un ballon dirigeable a stoppé volontairement, il doit montrer une boule noire très apparente; il reste, dans ce cas, soumis aux mêmes règles que les aéronefs en marche.

S'il n'est plus maître de sa manœuvre pour cause d'avarie, il doit montrer deux boules noires très apparentes placées verticalement l'une au-dessus de l'autre. Dans ce cas, il est assimilable aux ballons libres.

La nuit, dans les deux cas, il ne montre que le feu blanc et est assimilable aux ballons libres.

VI. — Signaux d'atterrissage et de détresse

Art. 15. — Lorsqu'un ballon dirigeable se dispose à atterrir, il doit :
De jour, faire apparaître sous la nacelle un pavillon rouge de forme triangulaire;
De nuit, faire clignoter ou agiter un feu blanc, en maintenant allumés ses feux de côté.

Art. 16. — a) En cas de détresse, au-dessus des terres comme au-dessus de la mer, un ballon dirigeable doit, dans la mesure du possible :
De jour, faire apparaître sous la nacelle un pavillon rouge triangulaire et montrer les deux boules noires superposées prévues à l'article 14;

qu'aucun aéronef ne peut être *mis en service* en France
sans un permis de navigation, à moins qu'il ne satisfasse
aux conditions prévues par les conventions internationales.

Cette disposition n'est pas incompatible avec la théorie
de la souveraineté du pavillon. Il n'est, en effet, question
dans cet article que de la *mise* en service en France et
non de l'exploitation ultérieure. On peut donc, soutenir
dans la théorie du pavillon, que le décret ne concerne
que les aéronefs lancés en France, quel que soit le pays
qu'ils survolent ultérieurement et s'applique à eux non
seulement tant qu'ils sont au-dessus de la France, mais
encore lorsqu'ils survolent d'autres pays, pourvu qu'ils
aient été lancés en France.

Les partisans de la théorie de l'atmosphère *res communis*

De nuit, faire agiter ou clignoter un feu blanc en éteignant ses
feux de côté.

De jour, comme de nuit, il peut en outre faire usage d'un signal
phonique.

b) Un ballon libre en détresse doit :

De jour, montrer sous la nacelle un pavillon rouge triangulaire,
et la nuit, agiter un feu blanc.

Il peut, en outre, de jour comme de nuit, faire usage d'un signal
phonique.

V. — EMPLOI DU LEST

Art. 17. — Il est interdit d'employer d'autre lest que du sable très
fin ou de l'eau.

Le décret indique un certain nombre de prescriptions nouvelles
qui doivent être observées par les propriétaires ou pilotes d'aéronefs.
(Permis de navigation — certificat de navigabilité, etc.). Pour s'y
conformer un certain délai est nécessaire. Or, le décret n'en prévoit
aucun et par suite est exécutoire dès son insertion au *Journal
Officiel*. Il résulterait de là que tout vol accompli après le 21 novembre 1911 a constitué une contravention. Il y a là évidemment,
une lacune que les contrevenants ne manqueront pas d'invoquer
devant le juge de répression.

Ce décret est complété par un arrêté ministériel du 8 décembre 1911 (*J. O.*. 10 décembre 1911) sur la composition et le fonctionnement de la Commission permanente de navigation aérienne

et de la souveraineté indivise internationale trouveraient également dans cet article la confirmation de leur théorie, le décret réservant expressément les dérogations éventuelles résultant de conventions internationales.

Il s'ensuivrait que dans ce système le décret de 1911 n'aurait qu'un caractère provisoire et s'inspirerait non d'une réclamation de souveraineté exclusive de l'État français sur une partie de l'atmosphère, mais de la nécessité d'une réglementation provisoire émanant de l'État le plus diligent, en attendant la réglementation internationale seule légitime et définitive.

L'article 32 interdisant la circulation « en France » — c'est-à-dire au-dessus de la France — des aéronefs militaires étrangers, non plus que les dispositions relatives à la circulation au-dessus de zones interdites du territoire français, ne sauraient davantage impliquer la réclamation par la France d'une souveraineté sur l'atmosphère dominant ces zones ; elles peuvent s'expliquer par le droit de l'État sous-jacent de prendre certaines mesures en vue de leur sécurité et de celle des personnes et des biens de leurs habitants. Ce droit est reconnu à l'État sous-jacent par la plupart des partisans de la théorie de la liberté de l'atmosphère.

52. L'intérêt de la question est considérable. Si l'on admet que le décret de 1911 consacre la théorie de la souveraineté territoriale on devra reconnaître que ses dispositions s'appliquent à tous les aéronefs survolant le territoire français pendant le temps où ils le survolent, Sinon on restreindra l'application de ses dispositions aux aéronefs mis en service en France, mais ils y demeureront soumis en quelque endroit qu'ils naviguent ultérieurement.

On ne saurait dire à l'encontre de cette interprétation qu'en vertu de l'article du Code civil les lois de police et de sûreté soient territoriales, puisqu'il s'agit précisément de savoir si l'air au-dessus de la France fait ou non partie de son territoire.

Toutefois, quelle que soit la solution adoptée, il est hors de doute que les articles 11, 12, 13, 14, 15, 16, 17, 23, 24, 26, 27, 32 sont applicables aux aéronefs de toute nationalité ou origine, soit en vertu du droit de protection de ses nationaux, ou de sa propre sécurité qui appartient dans tous les systèmes à l'État sous-jacent (art. 12 à 17 et 32), soit en vertu de la souveraineté française sur le sol français, et les nationaux français (art. 11, 23, 24, 26 et 27).

53. *Droits et obligations des riverains.* — Cette question n'est pas solutionnée par le décret de 1911 et on le comprend puisqu'il s'agit, non d'une matière de police, mais d'un conflit de droits privés, celui de l'aviateur qui survole un fonds et celui du propriétaire de ce fonds.

En n'interdisant l'atterrissage que dans les agglomérations, et le vol que par-dessus les zones interdites, le décret indique que le vol est licite au-dessus de toute propriété privée non située dans une zone interdite et que l'atterrissage est licite dans toute propriété non située dans une agglomération, sous réserve de la réparation, s'il y a lieu, du dommage causé.

Il y a donc pour le propriétaire sous-jacent une véritable servitude, dérivant de la situation naturelle des lieux comme celles qui sont prévues par l'article 639 du Code civil ou comme celles qu'impose au riverain d'une voie publique sa situation particulière.

L'air est une voie publique dont tous les propriétaires

sous-jacents sont les riverains avec les avantages d'éclai-
rement et d'aération, mais aussi avec les inconvénients
que cet état comporte.

Ce n'est pas ici le lieu d'examiner quel sens exact doit
être attribué au § 1er de l'article 552 du Code civil :
« La propriété du sol emporte la propriété du dessus et
du dessous. »

De nombreux jurisconsultes ont admis que ce premier
paragraphe ne pouvait être compris si on l'isolait du second paragraphe : « Le propriétaire peut faire au-dessus
toutes les plantations et constructions qu'il juge à propos sauf les exceptions établies au titre des servitudes
ou services fonciers ». Dans ce système, le « dessus » signifierait uniquement les objets matériels, « plantations ou
constructions », prenant leur appui sur le sol et le dominant,
formant avec lui un ensemble continu de corps solides.
Il ne signifierait pas l'espace vide dominant le fonds.

Il semble bien que le législateur impérial n'a jamais
prévu les difficultés que peut créer la généralisation de la
locomotion aérienne et n'a pas songé à les trancher dans
ce texte (1).

Mais à supposer que l'on doive interpréter l'article 552
dans le sens le plus favorable au propriétaire du sol,
il faudrait encore admettre que sa propriété sur l'espace
aérien qui le domine est, par suite du caractère de voie
publique de cet espace, affectée d'une servitude de passage.

Il ne peut donc, même dans ce cas, faire de cet espace

____

(1) On peut rappeler à cette occasion le mot de Napoléon 1er à
propos d'une utopie : « C'est un rêve aussi absurde que la direction
des ballons !

et de l'air qui le remplit que les usages qui ne peuvent entraver l'exercice de la servitude.

Au reste, les jurisconsultes qui reconnaissent au propriétaire du sol un droit de propriété sur l'espace aérien sont unanimes, qu'ils reconnaissent ou non l'existence d'un droit de servitude de passage aérien, à refuser à ce propriétaire du sol la faculté d'entraver la circulation aérienne au-dessus de son fonds.

Pour eux, il y aurait de sa part un abus de son droit qui donnerait lieu en vertu de l'article 1382 du Code civil et du brocard : *Malitiis non est indulgendum* à l'allocation de dommages-intérêts.

Serait passible de dommages-intérêts le propriétaire qui, dans un esprit de vexation, aurait élevé des clôtures de hauteur excessive sans utilité pour lui-même, celui qui tendrait dans une intention nocive des fils de fer, ronces artificielles, faux paratonnerres, conducteurs de force électrique au-dessus de son domaine, non pour se clore, ni pour se protéger du tonnerre, ni pour transporter de l'énergie, mais uniquement pour faire obstacle au passage des aéronefs.

Quel que soit le fondement assigné à la restriction du droit de propriété, il apparaît que la propriété du sol ne saurait être un obstacle au libre passage des aéronefs dans le ciel.

Le propriétaire du sol est astreint à une autre charge, celle de subir l'atterrissage sur son fonds des aéronefs, mais cette servitude d'atterrissage ne va pas sans un droit à indemnité. De même que, à la suite de la division d'un fonds par vente ou partage, le propriétaire de l'une des parties peut être tenu de fournir un passage au propriétaire de l'autre partie qui devient enclavée, mais sous réserve d'une indemnité, de même le propriétaire du sol sur lequel s'effectue l'atterrissage peut réclamer, quelle que soit la cause de cet atterrissage, la réparation du dommage subi. Cette question sera traitée, *infra*, à propos de l'atterrissage, au n° 101.

SECTION II

AÉRONEFS

ARTICLE PREMIER. — Nationalité.

54. Tout aéronef a la nationalité de son propriétaire; sur ce point le décret adopte, non la théorie d'après laquelle la nationalité est déterminée par le port d'attache ou par le lieu d'immatriculation, mais celle d'après laquelle le navire aérien suit le statut personnel de son propriétaire.

Le décret de 1911, réglant des questions administratives, ne saurait trancher expressément une telle question, mais en disposant que la lettre F (qui signifie France) sera apposée, non sur tous les aéronefs immatriculés en France, mais sur ceux-là seuls qui appartiennent aux nationaux français ou assimilés, le règlement adopte implicitement ce système.

55. Aux nationaux français le décret assimile les « étrangers domiciliés en France », qu'on peut considérer comme des stagiaires au point de vue de l'acquisition de la nationalité française; il paraît par suite certain que cette expression ne vise que les étrangers régulièrement admis à domicile par le Gouvernement français.

Le décret assimile également aux individus de nationalité française les sociétés ayant leur siège social en

France. Il tranche ainsi la controverse qui s'était élevée dans la doctrine au sujet des sociétés, certains auteurs regardant comme français les aéronefs des sociétés constituées sous le régime de la loi française quel que fût leur siège social et sur quelque territoire que s'étendissent leurs opérations.

Mais le décret de 1911 ne tranche pas une autre question que la doctrine a examinée et qu'un texte était cependant nécessaire pour résoudre, celle d'un aéronef possédé en commun par plusieurs individus de nationalité différente. Il peut se faire, en effet, que leurs parts de propriété soient égales, que par exemple un Français, un Anglais et un Allemand soient possesseurs chacun d'un tiers de l'aéronef.

Même dans le cas où les parts seraient inégales, il semble qu'il faudrait encore un texte pour attribuer à l'aéronef la nationalité du communiste possédant la part indivise la plus considérable.

Ce texte manque et l'on conçoit qu'un règlement de police n'ait point paru à ses auteurs destiné à résoudre de pareilles questions. Tout ce qu'on peut dire, c'est que, administrativement, la question sera réglée pour chaque espèce par la décision préfectorale qui attribuera ou refusera à l'aéronef la lettre F indicative de la nationalité française.

Cette décision elle-même devra s'inspirer de considérations de droit public aérien et l'on peut se demander à quel critérium se référeront les autorités administratives. Sans doute, elles exigeront que la demande de permis de navigation émane d'un seul individu, de l'un des copropriétaires qui sera considéré comme ayant reçu des autres, mandat non seulement de faire immatriculer l'aéronef, mais encore de lui imposer sa nationalité.

Enfin la question, tranchée par le décret en ce qui concerne les sociétés, doit être considérée comme résolue de la même manière pour les associations.

ARTICLE 2. — Domicile des Aéronefs.

56. La question du domicile des aéronefs n'est résolue par le décret qu'en ce qui concerne les ballons dirigeables. Le port d'attache de ces engins doit être mentionné sur le registre d'immatriculation. On peut se demander pourquoi cette différence entre les divers aéronefs : sans doute, elle s'explique par cette pensée que l'appareil d'aviation sera le plus fréquemment garé dans l'avenir au domicile de son propriétaire, ainsi que le ballon libre dégonflé, tandis que les dimensions du dirigeable nécessiteront un hangar affecté spécialement à ce navire aérien et souvent assez éloigné de l'habitation de son propriétaire.

Actuellement, d'ailleurs, on n'aperçoit pas que la question ait un intérêt pratique. Tant que des textes législatifs n'attribueront pas, en ce qui concerne les actions pour dégâts causés par l'aéronef, compétence à un autre tribunal que celui du domicile de la personne responsable, le domicile de l'aéronef sera indifférent.

En ce qui concerne les formalités administratives, les lettres et le numéro portés sur l'appareil se référeront non au domicile de celui-ci, mais au lieu de son immatriculation.

C'est à cet endroit que les tiers lésés par l'aéronef ou ses passagers devront s'adresser pour obtenir de 'Administration communication du registre matricule et de l'adresse du propriétaire responsable.

Il semble donc que pour l'aéronef la notion de domicile soit superflue. Les deux seuls endroits importants à connaître pour les tiers sont en effet le lieu de l'immatriculation et le domicile du propriétaire qui déclare l'engin aérien et en prend par la même la responsabilité.

57. *Domicile des aéronefs publics.* — Le décret, en ce qui concerne les aéronefs publics français, ne permet pas de connaître leur domicile; l'article 29 du décret décide, en effet, que les articles 2 à 10 ne sont pas applicables à ces appareils. Il semble que des textes spéciaux doivent dans l'avenir régler leur condition et notamment préciser le lieu du territoire auquel chacun d'eux sera rattaché et les lettres et numéros qui l'identifieront. En attendant que ces textes soient promulgués, les tiers auront à s'informer de son identité de la manière qui leur paraîtra la plus sûre et, s'ils ont une action à diriger contre l'État français, à suivre les règles ordinaires de compétence, selon le service public particulier auquel l'aéronef sera affecté. Il n'y aura pas ici à avoir égard au lieu d'immatriculation puisque, jusqu'à présent, ces aéronefs sont exempts d'immatriculation, mais seulement au siège de la circonscription territoriale du service public exploitant l'aéronef : gouvernement général d'une colonie, direction départementale des postes et télégraphes, brigade de police mobile, direction départementale des douanes, etc...

ARTICLE 3. — Aéronefs privés.

§ 1er. — MISE EN SERVICE.

58. Selon l'article 1er du décret du 21 novembre 1911, aucun aéronef ne peut être mis en service en France sans

un permis de navigation, à moins qu'il ne satisfasse aux conditions prévues par les conventions internationales.

Ces conventions n'existant point à l'heure actuelle, nous n'avons à traiter ici que des conditions d'obtention du permis de navigation.

Celui-ci suppose deux conditions préalables : 1° l'obtention pour l'aéronef du certificat de navigabilité; 2° l'immatriculation. Nous les examinerons successivement.

59. *Certificat de navigabilité.* — Le certificat de navigabilité fait l'objet de l'article 3 du décret.

Il est établi par le service des mines (dépendant du ministère des Travaux publics) après essais jugés par lui suffisants.

Cette règle générale est applicable aux appareils quelconques présentés au service des mines, mais des facilités particulières sont accordées à certaines catégories d'aéronefs : les aéronefs de série d'origine française, conformes à un type agréé, les aéronefs reconnus aptes à naviguer par des associations habilitées à cet effet, les ballons libres.

60. *Types agréés.* — Le constructeur peut faire agréer son type d'appareil et faire subir les essais exigés par le service des mines à un modèle de ce type. L'agréation de ce modèle vaudra pour tous les appareils répétant ce même type. L'Administration fait confiance au constructeur en ce qui concerne la conformité de ces appareils avec le modèle essayé par-devant elle. C'est au constructeur qu'elle s'en remet à l'effet de délivrer le « pour copie conforme » nécessaire. Il aura donc à tenir une comptabilité des appareils fabriqués par lui et à les numéroter à la construction pour les identifier. L'Administration admet même des variantes du type agréé, car elle permet la constitution de plusieurs séries différentes d'un même type. « En vue de l'application du présent article tout constructeur d'un type déjà agréé doit donner à chaque appareil un numéro de série et dans chaque série un numéro d'ordre. »

La difficulté pratique sera peut-être de déterminer ce qui caractérise le type dont la transformation nécessite de nouveaux essais et la série dont le changement ne nécessite pas de nouvelles épreuves. La substitution d'un moteur Gnôme à un moteur Renault sur un Bréguet par exemple constituera-t-elle un changement de type ou un changement de série? Il semble que le type doive être déterminé par référence à ce qui constitue l'originalité du constructeur impétrant, à ce qui est la caractéristique de sa construction particulière. Les changements consistant dans l'adaptation à son appareil d'accessoires fabriqués et livrés tout faits par d'autres industriels, les changements consistant dans l'adaptation de son appareil primitif à des besoins nouveaux, tant que les principes d'aéronautique appliqués ne varient pas, nous semblent constituer de simples changements de série.

Par exemple, un constructeur pourra avoir une série « tourisme », une série « course », une série « coloniale », etc., sans avoir à faire agréer trois modèles différents par l'Administration.

Il est à noter que ces facilités ne sont accordées qu'aux constructeurs français. A moins de conventions internationales de réciprocité, les aéronefs de série construits par des étrangers seront soumis aux essais. Mais ceux construits à l'étranger par une firme française nous paraissent en être exempts.

61. *Associations habilitées.* — Les associations habilitées à cet effet peuvent procéder elles-mêmes aux essais que le service des mines aurait pu ordonner. Elles sont en quelque sorte ses déléguées. Les rédacteurs du décret paraissent avoir craint l'esprit de routine des bureaux et avoir voulu laisser aux inventeurs de types nouveaux, ou d'appareils nouveaux non construits en série, la possibilité de trouver des juges moins sévères aux tentatives audacieuses desquelles on peut espérer un véritable progrès.

62. *Ballons libres.* — Les ballons libres ont été également considérés comme pouvant être déclarés navigables sur l'examen de documents écrits et sans la garantie d'essais contrôlés par le service des Mines. Leurs caractéristiques ont, depuis longtemps, été étudiées théoriquement et les innovations semblent devoir y être limitées par la simplicité même de leur construction.

63. *Formalités.* — La personne qui désire obtenir le certificat de navigabilité doit adresser au service des Mines une demande.

Il n'est pas spécifié que cette demande doive être établie sur papier timbré à 0 fr. 60. Cette demande doit indiquer le nom et l'adresse du requérant et être signée par lui. Ces exigences ne sont point formulées par le décret, mais il paraît évident que le certificat doit être délivré à une personne déterminée, qui aura la charge des essais et leur responsabilité et qui pourra seule user du certificat obtenu.

Dans sa demande le requérant indique, outre les mentions propres à l'identifier, les mentions suivantes : 1º nom ou raison sociale et domicile des constructeurs ; 2º lieu et année de la fabrication; 3⁰ numéros et autres marques d'identification donnés par le constructeur; 4⁰ caractéristiques de l'aéronef conformément aux prescriptions déterminées par une instruction du ministre des Travaux publics.

S'il s'agit d'un appareil dont le type ait été agréé préalablement, les essais seront remplacés par l'examen d'une déclaration du constructeur constatant la conformité de l'appareil en question avec un type précédemment agréé, et précisant le numéro de série et dans la série le numéro d'ordre de l'appareil.

S'il s'agit d'un appareil soumis aux essais contrôlés par une association habilitée, le requérant, pour éviter d'avoir à procéder à de nouveaux essais contrôlés par le service des Mines, joindra à sa demande l'attestation de cette association.

S'il s'agit d'un ballon libre, il n'aura pas à fournir d'attestation émanant d'un constructeur ou d'une association habilitée et sera néanmoins exempt des essais.

§ 2. — IMMATRICULATION.

64. *Compétence.* — Avant de délivrer le permis de navigation et après la délivrance par le service des Mines du certificat de navigabilité, le préfet de la résidence du propriétaire de l'aéronef procède à l'immatriculation, sur le vu de la demande de permis et des pièces annexées.

Il importe de remarquer que compétence territoriale est attribuée à cet effet non au préfet du domicile du propriétaire, mais au préfet de sa résidence.

Le lieu d'immatriculation dont nous avons parlé au n⁰ 56 peut donc être différent du domicile du propriétaire de l'aéronef. Il fallait, en effet, tenir compte de l'hypothèse où un étranger non domicilié en France mais y résidant voudrait y faire immatriculer son aéronef.

Le décret semble implicitement exclure l'immatriculation en France de l'aéronef d'un étranger qui ne serait point domicilié dans notre pays et n'y résiderait pas. Il semble au premier abord qu'une pareille hypothèse soit sans intérêt pratique. Cependant une société faisant des opérations dans différents pays et ayant son siège social à l'étranger peut avoir à mettre en service en France des aéronefs construits dans ce pays. Elle peut n'y avoir pas de résidence. Mais le décret ne s'appliquant, comme nous l'avons dit, qu'aux aéronefs mis en service et non à ceux qui, mis régulièrement en service dans un pays étranger, survolent le territoire français et même y atterrissent, cette société pourra toujours remplir dans son pays d'origine les formalités exigées par la législation de ce pays.

65. L'inscription sur le registre matricule comprend :

1º La date de l'inscription ;

2º Le numéro d'ordre du registre matricule ;

3º L'indication du port d'attache si l'aéronef est un ballon dirigeable ;

4º La description de l'aéronef ;

5º L'indication des marques d'identification données par le constructeur ;

6º Les lettres et le numéro distinctif donnés par le préfet dans les conditions qui seront fixées par le ministre des Travaux publics ;

7º Les nom, domicile et nationalité du propriétaire de l'aéronef.

66. L'immatriculation consistant dans l'inscription de l'aéronef sur un registre a un caractère permanent. Elle produit donc ses effets tant que la radiation n'a pas eu lieu. Cette radiation est effectuée dans les cas spécifiés aux articles 6 et 7, c'est-à-dire changements entraînant des modifications dans les énonciations du permis de navigation, destruction ou mise hors d'usage de l'aéronef, mauvais état d'entretien de l'aéronef ayant provoqué une mise en demeure de le réparer restée sans effet.

Il semble donc que l'inscription sur le registre matricule suive toujours le sort du permis de navigation. Le retrait du permis de navigation par suite de mutation de propriété ou par suite de changement de domicile ou de nationalité du propriétaire entraîne donc la radiation de l'inscription au registre matricule.

De même la suppression pour un aéronef déterminé, détruit ou mis hors d'usage, de tout permis de navigation, semble entraîner sa radiation du registre matricule.

Il eût été beaucoup plus simple de prescrire la modification du permis de navigation plutôt que son retrait qui force le propriétaire à demander un nouveau permis en suivant la procédure longue et compliquée édictée par les articles 2, 3 et 4 du décret.

67. *Applications de l'immatriculation aux rapports du droit privé.* — Cette solution comporte de graves inconvénients, car il paraît certain que pour l'établissement de la propriété des appareils aériens, les tribunaux s'en réfèreraient couramment aux mutations constatées aux registres matricules, si le système adopté par les auteurs du décret le permettait.

C'est ainsi que les registres tenus par l'Administration des Ponts et Chaussées et relevant les procès-verbaux

de jaugeage des bateaux employés à la navigation inté-
rieure, servent, dans la pratique judiciaire, à établir les
mutations de propriété de ces bateaux et les changements
de domicile des mariniers, un arrêt de la cour de Douai
(22 mai 1905) ayant proclamé que le domicile légal du
marinier sans résidence fixe est la commune indiquée
dans le procès-verbal de jaugeage du bateau.

Pour la détermination du domicile légal d'un aéronaute professionnel sans résidence fixe de même que pour
la détermination du propriétaire véritable d'un aéronef
en cas de contestation, le registre d'immatriculation
serait d'un grand secours, si les changements de ce genre
qui nécessitent le retrait du permis de navigation et l'émis-
sion d'un nouveau permis, ne nécessitaient pas en même
temps la radiation de l'immatriculation existante et une
immatriculation nouvelle.

Le nouveau possesseur, obligé pour mettre en service
à son nom l'aéronef de faire modifier l'immatriculation
primitive qui subsisterait aussi longtemps que l'aéronef
lui-même, ne saurait prétendre ignorer celle-ci ni les énonciations qu'elle contient relatives au propriétaire précédent. Au cas où il achèterait cet aéronef ou le recevrait
en don d'une personne non qualifiée, il ne saurait donc
exciper de sa bonne foi et invoquer l'article 2279. Il en
est de même du créancier auquel un gage serait con-
senti *a non domino*. Enfin, l'aéronef mis hors d'usage
et auquel le permis de navigation est retiré, reste un objet
de propriété, susceptible de vente ou de mise en gage,
susceptible également de réparations qui permettraient
la délivrance d'un nouveau permis.

Il serait donc désirable que le retrait du permis de navigation n'entraînât pas la radiation de l'inscription au
registre matricule, mais simplement une mention modi-

ficative en marge de cette inscription, laquelle subsisterait à sa date et avec son numéro d'ordre, tant que
l'aéronef existerait, et même mis hors d'usage, ne serait
pas détruit.

A défaut de cela, il serait désirable qu'une circulaire
prescrivît la transcription en marge de la mention d'immatriculation de toutes les mentions d'immatriculation
antérieures, inscrites dans le même département ou dans
tout autre, et se rapportant au même aéronef.

Il est à souhaiter en effet que le régime de l'hypothèque
aérienne soit prochainement institué pour les aéronefs
et spécialement pour les dirigeables, et le registre d'immatriculation pour servir à l'institution de cette hypothèque doit constituer un véritable état civil permanent
des unités aériennes.

68. *Publicité.* — Le décret ne dit point expressément que
le registre d'immatriculation sera public, mais cela ré-
sulte trop évidemment du but poursuivi pour qu'un doute
puisse subsister à cet égard. Cette immatriculation est
instituée dans un but de sécurité et à l'effet de permettre
la répression des délits commis par les navigateurs aériens. Ces délits seront très fréquemment des délits ci-
vils que les parties lésées auront seules qualité pour pour-
suivre, ce qu'elles ne pourraient faire si cette publicité
n'était pas admise par l'Administration.

§ 3. — Permis de navigation.

69. *Délivrance.* — Le permis de navigation est demandé
par le propriétaire de l'aéronef au préfet de sa résidence.

La délivrance du permis de navigation est soumise à six conditions :

1º Justification par l'impétrant de son nom, de son domicile et de sa nationalité;

Ce propriétaire peut être Français ou étranger. S'il est étranger, son identité est établie par des actes visés par les autorités consulaires de son pays;

2º Justification par lui de son droit de propriété sur l'aéronef.

Il doit donc justifier de sa propriété et cette prescription du décret donne à l'immatriculation comme nous l'avons dit plus haut, une grande importance pour la détermination des rapports de droit privé.

Le décret ne précise pas comment cette justification devra être faite, ni la solution à adopter dans le cas de pluralité de propriétaires (1);

3º Délivrance préalable d'un certificat de navigabilité concernant l'aéronef en question, et remise au préfet de ce certificat. Le même certificat peut être présenté par plusieurs propriétaires successifs à l'appui de leurs demandes de permis;

4º Justification que l'aéronef est en règle avec la douane, soit qu'il soit d'origine française, soit qu'étant d'origine étrangère, les droits d'entrée aient été acquittés lors de son importation;

5º Remise à l'autorité préfectorale d'une photographie de l'aéronef si la demande s'applique à un ballon dirigeable ou à un appareil d'aviation;

---

(1) V. *supra*, nº 55.

6° Immatriculation préalable par le préfet de l'appareil.

70. *Rédaction du permis.* — Celui-ci reproduit les énonciations du certificat de navigabilité et celles du registre matricule. Il porte la photographie de l'aéronef, si celui-ci est un ballon dirigeable ou un appareil d'aviation.

71. *Retrait du permis.* — Le permis de navigation cesse d'être valable, si l'appareil est détruit ou mis hors d'usage, ou s'il se produit un changement entraînant des modifications dans ses énonciations ou encore si après une mise en demeure fondée sur le mauvais état d'entretien de l'aéronef le propriétaire n'a pas procédé aux réparations nécessaires.

Dans ces divers cas, il doit être renvoyé au préfet, pour qu'il soit procédé à une radiation de l'immatriculation.

72. *Renouvellement.* — Il y aurait donc lieu si l'appareil mis hors d'usage ou mal entretenu est remis en usage après réparations, ou si l'appareil après modifications de ses caractéristiques, ou changement de propriétaire continue à fonctionner, de solliciter une nouvelle immatriculation et la délivrance d'un nouveau permis.

Il y aurait lieu de solliciter cette nouvelle immatriculation du préfet de la résidence du propriétaire au moment où il sollicite ce renouvellement. Ce préfet peut n'être pas celui qui avait délivré le permis précédent au même aéronef, et auquel ce permis aura dû être renvoyé.

73. *Surveillance.* — Le service des Mines est investi d'un droit de visite à bord des aéronefs admis à circuler, qu'il

ait ou non procédé aux essais de ces aéronefs. Les associations habilitées comme il a été dit à l'article 3 du décret peuvent également visiter les aéronefs aux essais desquels elles ont procédé.

Quant aux aéronefs qui survolent la France sans avoir le permis de navigation français parce qu'ils ont été mis en service à l'étranger, conformément à une législation étrangère, ils sont sujets à la visite de l'autorité publique dans un but de police et de surveillance fiscale conformément à l'article 23 du décret, mais le service des Mines ne saurait les visiter en vertu de l'article 7.

Lorsque, après examen d'un aéronef immatriculé en France, il apparaît qu'il ne répond plus aux spécifications du permis, celui-ci peut être retiré sur avis du service des Mines, par arrêté préfectoral. Cet arrêté est immédiatement notifié au propriétaire.

§ 4. — MARQUES PARTICULIÈRES.

74. Aux termes de l'article 5, aucun aéronef ne peut circuler sans porter en caractères apparents dans les conditions qui seront fixées par le ministre des Travaux publics : 1º la lettre F si l'aéronef appartient à un Français ou à un étranger, domicilié en France ou à une Société ayant son siège social en France; 2º les lettres et numéros distinctifs inscrits au registre matricule.

Il paraît certain que cette prescription ne s'applique qu'aux aéronefs, sujets au règlement du 2 novembre 1911, c'est-à-dire à ceux mis en service et par suite immatriculés en France. Les autres n'ayant point de permis de navigation ne sauraient porter les lettres et numéros de ce permis. Ils porteront donc les marques distinctives instituées par les législations qui leur sont applicables.

Parmi les aéronefs immatriculés en France, seuls ceux appartenant à des nationaux français ou à des assimilés aux termes de l'article 5 porteront la lettre F.

Les autres, c'est-à-dire ceux qui, immatriculés en France, appartiendront à des étrangers non domiciliés ou à des Sociétés ayant leur siège hors de France, ne porteront aucune lettre de nationalité, à moins qu'elle ne leur soit imposée par la législation de leur pays d'origine où ils seraient également immatriculés.

ARTICLE 4. — Aéronefs publics.

§ 1er. — AÉRONEFS PUBLICS EN GÉNÉRAL.

75. Les aéronefs publics sont tous ceux qui, appartenant à l'État ou à un particulier, sont affectés au service de l'État et se trouvent sous les ordres d'un fonctionnaire à ce dûment commissionné (art. 28). Ils peuvent être militaires ou non. Ce que nous dirons ici, s'applique à tous les aéronefs publics sous réserve des dispositions spéciales aux aéronefs militaires et exposées au paragraphe 2 du présent article.

76. *Nationalité, domicile.* — Les aéronefs publics ont la nationalité de l'État au service duquel ils sont affectés, quelle que soit la nationalité de leur propriétaire.

Leur domicile n'est point déterminé par le décret et cette notion paraît d'ailleurs superflue, la compétence en ce qui détermine les instances auxquelles ils peuvent donner lieu devant être déterminée par la circonscription de l'autorité au service de laquelle ils sont affectés (1).

77. *Aéronefs publics étrangers.* — Le décret de 1911, ne fait pas de distinction entre les aéronefs publics français et les aéronefs publics étrangers non militaires.

78. *Permis de navigation, certificat de navigabilité, immatriculation.* — L'article 32 n'interdit en effet la circulation au-dessus de la France des aéronefs publics étrangers, que s'ils sont militaires. Les uns et les autres sont également dispensés du certificat de navigabilité et de l'immatriculation. Le permis de navigation obligatoire pour eux leur est délivré selon des règles spéciales. Il est vraisemblable qu'en ce qui concerne les aéronefs publics français, des prescriptions particulières seront formulées pour assurer leur bonne construction et leur entretien.

79. *Marques.* — Les aéronefs publics français portent comme seule marque, un signe distinctif qui est différent pour les aéronefs militaires et pour ceux dépendant des autres administrations publiques.

80. *Brevet des pilotes.* — Leurs pilotes sont dispensés du brevet d'aptitude. Cette dispense s'applique au pilote alors même qu'il ne serait pas le commandant du bord dont il est question à l'article 23.

81. *Livre de bord.* — Les aéronefs publics français et étrangers ne sont pas astreints à avoir un livre de bord.

---

(1) V. *supra* n° 57.

82. *Visite*. — Les aéronefs publics français et étrangers sont exempts de la visite des autorités de police, de la douane, de l'octroi et des contributions indirectes. Néanmoins si les uns ou les autres atterrissent en France arrivant de l'étranger, leurs pilotes sont astreints à prévenir immédiatement le maire de la localité du point d'atterrissage qui veille à ce que le chargement ne puisse être distrait ni le matériel emporté avant que les agents du fisc aient pu procéder aux vérifications et aux opérations nécessaires. Mais dans ce cas les agents du fisc ne peuvent vérifier par une visite à bord les déclarations faites par le commandant de l'aéronef public.

83. Les aéronefs publics français ou étrangers sont astreints à l'observation des règles concernant la route, les feux, les signaux phoniques et l'emploi du lest sous la réserve des observations faites au début du présent chapitre sur l'étendue d'application du décret de 1911.

84. Ils sont également astreints à l'observation de l'article 11 défendant l'atterrissage dans les agglomérations, le passage au-dessus de certaines zones, le transport des explosifs, armes et munitions de guerre, pigeons voyageurs et appareils de photographie.

Peuvent-ils transporter des appareils radiotélégraphiques et radiotéléphoniques sans autorisation du ministre des Travaux publics?

On doit admettre cette solution, semble-t-il, en présence du texte de l'article 29 qui déclare les dispositions du décret applicables aux aéronefs publics, à l'exception des articles 2 à 10 et 17 à 23. Or, l'article 17 est celui qui interdit le transport sans autorisation des appareils radiotélégraphiques et radiotéléphoniques.

Néanmoins le même article 29, en soumettant les conditions techniques d'installation à bord de ces appareils de télégraphie et téléphonie à l'approbation du ministre intéressé sur l'avis de la Commission interministérielle de télégraphie sans fil, semble montrer que dans la pensée des rédacteurs du décret l'exception n'est édictée qu'en faveur des aéronefs publics français.

§ 2. — AÉRONEFS MILITAIRES.

85. *Définition.* — Sont considérés comme aéronefs militaires, les aéronefs publics placés sous les ordres d'un commandant portant l'uniforme et qui ont à bord un certificat établissant leur caractère militaire (1). Cette définition ne doit pas être entendue littéralement et il ne suffirait pas évidemment à un aéronef militaire étranger, pour échapper à la prohibition de l'article 32, de n'avoir pas de papiers à bord et d'être commandé par un militaire étranger vêtu en civil.

86. La circulation au-dessus du territoire français de tout aéronef militaire étranger est interdite.

87. En ce qui concerne les aéronefs militaires français, l'article 1er relatif au permis de navigation, l'article 11 interdisant l'atterrissage dans les agglomérations, l'article 24 relatif au cas d'un atterrissage après un voyage à l'étranger, l'article 25 relatif aux règles de route et aux signaux, les articles 26 et 27 relatifs à l'assistance et aux épaves leur sont seuls applicables.

---

(1) D. 21 novembre 1911, art. 30.

SECTION III

CIRCULATION AÉRIENNE

**ARTICLE PREMIER. - Circulation aérienne en général.
— Brevet d'aptitude.**

88. L'aéronef privé ne peut être conduit que par un pilote muni d'un brevet d'aptitude. Ce brevet est délivré par le préfet après un examen. Le service des Mines et certaines sociétés habilitées par l'Administration font passer cet examen.

Trois catégories de brevets sont institués : 1º brevet de pilote de ballon libre; 2º de pilote de dirigeable; 3º de pilote d'appareil d'aviation. Chaque brevet ne vaut que pour les appareils de la catégorie qu'il concerne (art. 8 et 9 du décret).

Outre l'examen subi avec succès, la délivrance du brevet suppose deux autres conditions : 1º majorité de 18 ans, sauf autorisation du ministre des Travaux publics; 2º bonne moralité (art. 10).

La décision du préfet qui refuserait un brevet d'aptitude en se fondant sur ce que le postulant n'a pas une bonne moralité serait-elle susceptible d'un recours? Le décret prévoit un recours au ministre pour le cas où le brevet obtenu serait retiré mais non pour le cas où il ne serait pas accordé. Or, le principe en matière administrative est qu'il n'existe pas de recours sans un texte qui l'institue.

89. *Retrait du brevet.* — Il peut être retiré par le préfet sauf recours au ministre des Travaux publics, s'il est

évident que les conditions dans lesquelles il a été délivré ne sont plus remplies.

Que faut-il entendre par cette formule? En ce qui concerne l'aptitude attestée par l'examen subi lors de la délivrance, un nouvel examen peut seul rendre évidente la disparition de cette aptitude. Le retrait du brevet ne pourrait donc être prononcé par le préfet qu'en conséquence d'un nouvel examen prescrit par lui et subi devant l'association qui a examiné le pilote, ou à défaut de cette association devant le service des Mines.

En ce qui concerne la moralité, la décision du préfet et celle du ministre ne pourraient se fonder sur une appréciation personnelle de leur part. Une mesure aussi grave, de laquelle dépendra souvent la carrière d'un pilote, ne saurait être arbitraire. La moralité se constatera par le certificat de bonne vie et mœurs et le brevet ne pourrait être retiré tant que ce certificat pourrait être obtenu.

90. *Compétence.* — Le règlement n'indique pas que préfet aura compétence pour la délivrance du brevet. Par analogie avec la disposition de l'article 2 du décret relative au permis de navigation et avec ce qu'édicte le décret du 10 mars-14 avril 1899, pour l'obtention du permis de conduire un automobile, nous admettrons la compétence du préfet de la résidence de l'impétrant.

Mais que faut-il décider quant au retrait du brevet d'aptitude, si le pilote ne réside plus dans le département où ce brevet a été obtenu? Nous pensons que c'est au préfet qui a délivré le brevet qu'il appartiendra de le retirer au pilote.

91. *Formes du brevet.* — Il présente les nom, prénoms et signalement du titulaire, son lieu et sa date de naissance ainsi que sa photographie et sa signature.

§ 1er. — LIVRE DE BORD.

92. *Livre de bord.* — Il est tenu un livre de bord (article 18). Ce livre indique la catégorie à laquelle appartient l'aéronef, le lieu et le numéro d'immatriculation, le nom, la nationalité, la profession et le domicile du propriétaire (art. 19).

Sont portés sur le livre de bord pour chaque ascension : 1º le nom, la nationalité, le domicile du pilote et des hommes d'équipage, ainsi que les noms des voyageurs; 2º l'indication de la marche suivie en plan et en altitude toutes les fois que les circonstances le permettront; pour les ballons dirigeables, la marche en plan est indiquée sur une carte et la marche en altitude l'est à l'aide d'un barographe qu'ils ont à bord; 3º l'indication de tous les événements intéressants, notamment les escales et les accidents survenus à l'aéronef, à l'équipage et aux autres voyageurs.

Les mentions ci-dessus énumérées sont portées sur le livre de bord autant que possible au cours de l'ascension ou, en cas d'empêchement, après l'ascension et dans un délai maximum de 12 heures (art. 20).

Pour les appareils d'aviation, les indications relatives au personnel, aux points de départ et d'arrivée, aux escales et aux accidents sont seules exigées (art. 21).

Le livre de bord doit être conservé pendant 2 ans après la dernière inscription et être représenté à toute réquisition de l'autorité publique (art. 22).

Par qui le livre de bord doit-il être conservé? Le propriétaire peut, en l'espace de deux ans, changer bien des fois; le livre de bord devra-t-il donc passer de mains en mains? Qu'arrivera-t-il si le propriétaire meurt ou que l'appareil soit détruit? Le décret n'indique pas quelle personne est responsable de cette conservation. Comment le propriétaire pourrait-il être responsable d'un livre dont le pilote a seul la garde et la rédaction? Et comment celui-ci peut-il assurer la conservation pendant deux ans d'un document attaché à un aéronef déterminé dont il n'aura peut-être eu la conduite que pour un seul voyage?

93. *Effets du livre de bord en ce qui concerne les rapports de droit privé.* — Ces articles sont à rapprocher de l'article 224 du Code de commerce relatif au livre de bord du capitaine d'un navire de mer.

Les articles 20, 21, 22 du décret ne pouvaient exiger de mentions relatives aux rapports privés du propriétaire de l'aéronef ou des passagers avec le pilote, mais en instituant le système du livre de bord, le décret s'en réfère par là même aux usages et à la jurisprudence réglant les conditions, effets et force probante de ce livre. Nous estimons donc que le pilote de l'aéronef peut faire coter et parapher ce livre de bord par l'un des juges du tribunal de commerce. Si l'aéronef est employé au transport des personnes ou des marchandises, son exploitation est commerciale et même, sans qu'il soit besoin d'arguer de l'article 224 du Code de commerce, ce livre constitue un livre journal au sens de l'article 8.

Coté et paraphé dans ces conditions, il nous semble devoir obtenir la force probante attribuée par la jurisprudence à ce document, c'est-à-dire faire foi jusqu'à preuve contraire de ce qu'il énonce (1).

Le pilote peut notamment y insérer les résolutions prises pendant le voyage, la recette et la dépense concernant l'aéronef et généralement tout ce qui concerne le fait de sa charge et tout ce qui peut donner lieu à un compte à rendre, à une demande à former.

Nous admettrions également que faute de tenir ce journal et d'y porter les mentions exigées, le pilote est responsable vis-à-vis des intéressés du préjudice qui leur est causé par le défaut d'inscription.

Le livre de bord est invocable par tous les intéressés, il fait foi aussi bien en leur faveur que contre eux jusqu'à preuve contraire, de tout ce qui y est inséré, pourvu que les inscriptions y aient été faites dans le délai réglementaire et que le livre soit régulièrement coté et paraphé et régulièrement tenu.

§ 2. — DÉPART.

94. *Départ.* — L'aéronef ne peut quitter le sol sans avoir à bord le permis de navigation, le brevet d'aptitude du pilote ou des pilotes, le livre de bord, et les documents exigés par les autorités fiscales.

Le départ peut avoir lieu en n'importe quel point du territoire, même dans les agglomérations. L'interdiction édictée par l'article 11 ne vise en effet que l'atterrissage.

Encore que le départ exige une certaine vitesse, il expose à moins d'accidents que l'atterrissage, l'appareil

---

(1) Dalloz, *Droit maritime,* n° 423.

d'aviation au départ peut être assimilé à une automobile rapide; la direction qu'il prend peut être prévue par les piétons et les autres véhicules comme celle de n'importe quelle voiture. Il n'y a donc lieu de lui appliquer que le droit commun des automobiles en ce qui concerne son envol et les précautions à prendre pour éviter les collisions. En ce qui concerne les ballons libres et dirigeables, leur essor qui s'opère plus lentement et presque verticalement est moins à craindre encore.

95. *Autorité et responsabilité du pilote à bord.* — La conduite d'un aéronef exige une décision plus rapide, comporte des dangers plus grands, entraîne une responsabilité plus grave, nécessite une autorité plus despotique que celle d'un navire en mer. Une fausse manœuvre peut y déterminer un naufrage en quelques secondes, et la conséquence de ce naufrage sera le plus fréquemment non seulement la destruction de l'aéronef, mais la mort de son équipage ou des blessures graves.

Aussi convient-il de donner au pilote une autorité absolue en ce qui concerne la manœuvre de l'aéronef et la subordination des hommes de l'équipage et des passagers à ses ordres.

En l'absence de textes, on ne saurait cependant lui reconnaître les pouvoirs disciplinaires que le décret-loi du 24 mars 1852 (1) attribue au capitaine d'un navire de mer sur le personnel embarqué. En matière pénale tout est, en effet, de droit étroit.

Il serait d'ailleurs difficile au pilote d'infliger à un homme de son équipage certaines peines prévues par le

---

(1) D. P, 1852.4.127

décret, comme la vigie sur les barres de perroquet ou l'amarrage à un bas-mât dans l'entrepont.

Lorsque la navigation aérienne aura pris une plus grande extension, des textes fixant les prérogatives disciplinaires et judiciaires du pilote deviendront indispensables.

On peut cependant dire dès maintenant que par le fait de leur embarquement volontaire à bord d'un aéronef, les gens de l'équipage et les passagers se soumettent aux conditions particulières d'unité d'action, de coopération et de contraintes que comporte le voyage entrepris en commun, ses moyens et ses dangers.

Nous admettons donc que les gens de l'équipage et les passagers doivent une obéissance absolue et passive au pilote en tout ce qu'il ordonne ou défend pour la « sûreté de l'aéronef, et le succès de l'expédition (1) »; que s'il n'est pas autorisé à juger le criminel il est du moins autorisé à employer la force pour mettre l'auteur d'un crime hors d'état de nuire (2); que les gens de l'équipage et les passagers sont tenus de lui prêter main-forte pour assurer cette arrestation; qu'en cas de mutinerie ou de révolte la résistance du pilote et des passagers qui lui restent fidèles est considérée comme un acte de légitime défense (3).

Le pilote doit et peut s'opposer par la force à tout acte d'un homme de l'équipage ou d'un passager qu'il estime périlleux pour le salut commun.

Les dommages ainsi causés par lui étant l'exercice d'un droit, ne donnent pas lieu à dommages-intérêts.

---

(1) Déc.-loi 24 mars 1852, art. 97.
(2) *Ibid.* Art. 98.
(3) *Ibid.* Art. 99.

Au contraire, l'auteur de l'acte dangereux ou de la désobéissance est responsable de toutes les conséquences des mesures prises pour empêcher cet acte ou le réparer.

Le pilote ne peut abandonner son bord au cours d'une ascension, ni résigner ses pouvoirs sans nécessité absolue.

Il ne peut, en cas de naufrage, abandonner l'aéronef dont il a le commandement qu'après avoir pris toutes les mesures en son pouvoir pour assurer la sécurité de l'équipage et des passagers et la mise à l'abri de l'épave et de son chargement. Il est tenu, en cas d'accident, d'assurer le salut des passagers et des gens de l'équipage avant le sien propre.

Il doit diriger en personne l'aéronef lors de l'essor et lors de l'atterrissage; il doit partir à l'époque fixée et suivre la route convenue avec le propriétaire de l'aéronef, ou celui qui l'arme et a engagé le pilote, sous réserve des imprévus météorologiques ou autres.

Il est considéré pour les événements urgents comme le représentant du propriétaire de l'aéronef et du propriétaire du chargement. Il peut agir en leur nom comme mandataire muni de pleins pouvoirs, lorsqu'en raison de l'urgence et de l'éloignement il n'est pas possible de leur en référer. Il peut notamment et doit pourvoir à la réparation de l'aéronef, emprunter sur corps ou facultés, vendre au besoin tout ou partie du chargement; il a qualité pour traiter au nom de l'ensemble des personnes se trouvant à bord pour ce qui concerne leur intérêt collectif.

96. *Zones interdites.* — Il est défendu aux aéronefs, sauf autorisation spéciale de passer au-dessus des zones

interdites. Ces zones sont énumérées par un décret qui en définit les limites et qui est inséré au *Journal officiel* (1).

Tout aéronef qui s'engage sans autorisation au-dessus d'une zone interdite est tenu d'atterrir dès qu'il y est invité, et, s'il y a impossibilité de le faire immédiatement, dès qu'il le peut.

L'Administration arrêtera les modes d'avertissements qui pourront être employés pour prévenir un aéronef qu'il est au-dessus d'une zone interdite et pour l'inviter à atterrir (2).

97. *Transports et opérations interdites.* — Les articles 15, 16, 17 concernent le transport et l'usage des pigeons voyageurs, armes, munitions de guerre, appareils de photographie, radio-télégraphie et radio-téléphonie (3).

§. 3. — ROUTE.

98. *Règlement de la circulation aérienne.* — Le pilote est tenu à l'observation des règles édictées par l'annexe au décret de 1911 que l'aéronef soit civil, public ou militaire. La seule question qui se pose à cet égard est de savoir si cette obligation s'étend aux aéronefs français survolant tous territoires et toutes mers, ou si, au contraire, il s'applique aux aéronefs de toutes nations pendant le temps où ils survolent le territoire français seulement.

---

(1) D. 21 novembre 1911, art. 12.
(2) D. 21 novembre 1911, art. 13 et 14.
(3) V. ces textes *supra* n° 50 note.

Nous renvoyons pour l'étude de cette question à ce qui a été dit *supra* au sujet de la souveraineté territoriale, de la souveraineté de pavillon ou de la souveraineté indivise internationale (1).

§ 4. — Atterrissage.

99. *Lieux interdits*. — Il est interdit aux aéronefs d'atterrir dans les agglomérations sauf sur les emplacements spécialement désignés par l'autorité municipale et dans les zones interdites en conformité des articles 12 et 13.

Partout ailleurs l'atterrissage peut s'opérer sans constituer une contravention de simple police. Est-ce à dire qu'il est toujours licite et ne comporte pour l'aéronef aucune responsabilité civile (2)?

100. *Signaux à l'atterrissage*. — Ces signaux sont déterminés par l'article 15 du règlement de circulation annexé au décret.

101. *Dégâts causés par l'atterrissage*. — Nous avons examiné au n° 19 cette question en droit international et nous croyons ne pouvoir, en l'absence de texte spécial dans la législation française, que renvoyer à ce numéro. La jurisprudence française s'est prononcée d'ailleurs en ce sens (3). Il y a lieu toutefois de faire les plus ex-

---

(1) V. pour cette question le texte de l'annexe en note sous le n° 50.

(2) V° *supra*, n°ˢ 17, 18.

(3) Justice de paix de Cambrin, 26 mai 1911, Pluquin c. Bréguet. Nous, juge de paix :

Attendu en fait que Legrand, préposé de Bréguet, a atterri

presses réserves sur la théorie du jugement que nous

---

¹e 31 mars 1911 avec un aéroplane qu'il pilotait dans un champ
de blé à Beuvry, et appartenant à Pluquin; qu'il est incontestable,
et non dénié, du reste, que des dommages assez importants y ont
été causés; qu'ils ont été constatés par une expertise faite en notre
présence, que Pluquin demande la réparation du préjudice éprouvé
par lui;

Attendu que Bréguet conteste le principe même de cette action,
soutenant qu'il n'aurait commis aucune faute, et qu'en tout cas la
chute de l'aéroplane serait le résultat d'un cas fortuit ou de force
majeure l'exonérant de toute responsabilité;

En droit :

Attendu qu'aux termes de l'article 1384, § 1ᵉʳ, du Code civil, on est
responsable du dommage causé par les choses que l'on a sous sa
garde; qu'il est de jurisprudence constante que cette responsabilité
existe, sans qu'il y ait à prouver une faute à la charge du propriétaire ou du gardien de la chose inanimée qui a causé le dommage.

Attendu, en effet, qu'à la différence des articles 1382 et 1383
du Code civil, qui n'obligent à réparation qu'en cas de force imputable à l'auteur du préjudice, l'article 1384 présume une responsabilité de plein droit pour le dommage causé par les choses dont on
a la garde, sans exiger en même temps la preuve d'une faute. Qu'en
équité, d'ailleurs, ainsi que les commentateurs l'ont fait observer
justement, le risque doit être supporté par celui qui, pour son profit
ou son agrément, dispose de la chose, par celui qui lui a donné
la force, la direction dommageable et qui, en un mot, a créé un
risque pour ses semblables; que celui qui se sert d'une chose est
responsable parce que, retirant les avantages de sa chose, il doit,
à titre de contre-partie, indemniser autrui, si la chose dont il jouit
cause un préjudice (Hudelot et Metmann, *Des obligations*, n° 476);

Attendu que cette responsabilité ne peut être évitée qu'autant
que le propriétaire ou gardien de la chose inanimée prouve l'existence d'un cas fortuit ou de force majeure, ou encore une faute de
la victime;

Attendu que, d'après Bréguet, le cas fortuit ou de force majeure
qu'il invoque résulterait d'un fonctionnement défectueux du
moteur, qui aurait nécessité son arrêt et l'atterrissage de l'appareil; mais attendu que le cas fortuit ne saurait résulter d'un vice
ou défaut de construction de la chose, même occulte et impossible à
prévoir (Cass. 16 juin 1896, D. 97.1.440); que ce vice de construction ou défaut de fonctionnement d'un appareil, alors même
que toutes les précautions les plus minutieuses auraient été prises,
constitue simplement un risque inhérent à la possession de la chose,
isque dont le propriétaire ne peut être admis à se décharger;

Attendu qu'il est bon d'observer, à ce point de vue, que la locomotion aérienne, quelque progrès qu'elle ait réalisés au cours
des dernières années, n'est point encore parvenue à un état de sécurité absolue; qu'elle comporte dans le fonctionnement du mo

reproduisons en note au sujet du droit du pilote d'atter-

---

teur ou des appareils de commande ou de direction des causes spéciales de danger, tant pour les pilotes que pour les tiers, que les aviateurs font courir les plus grands risques à autrui sans compter les risques effrayants qu'ils courent eux-mêmes, et que, si l'aviation constitue un droit pour ceux qui s'y livrent, elle emporte à leur charge des risques particuliers dont ils ne peuvent juridiquement se décharger, leur droit personnel ne pouvant évidemment nuire aux droits d'autrui;

Attendu qu'on ne saurait davantage soutenir, en l'espèce, qu'il y a eu force majeure; que la force majeure, en effet, ne pourrait s'entendre que d'une action soudaine et imprévue des forces de la nature, comme la foudre ou une tempête soudaine, mettant l'appareil hors d'usage et d'état de se conduire. (En ce sens, jurisprudence constante, notamment Chambéry, 12 juillet 1905; Lyon, 25 avril 1899; Riom, 25 mars 1903; Aix, 1er juin 1904, et pour un atterrissage de ballon ayant provoqué une explosion de gaz, trib. civ. Seine, 24 janvier 1906, D. 1907.2.17.)

Attendu, enfin, qu'il n'existe aucune faute imputable au demandeur Pluquin, et qu'il n'en est point allégué du reste par Bréguet; que la responsabilité de Bréguet est donc entière;

Attendu que l'on peut ajouter, en tant que de besoin, que le pilote de Bréguet était absolument sans droit à atterrir dans un champ appartenant à Pluquin, sans autorisation préalable de celui-ci; qu'en ce faisant il portait atteinte au droit exclusif du demandeur sur l'immeuble en question, résultant de son titre de propriétaire, conformément aux articles 544, 545 et 546 du Code civil; qu'il commettait ainsi une faute indiscutable entraînant à sa charge la réparation du préjudice causé;

Attendu que Bréguet soutient n'être pas responsable de la totalité du dommage occasionné aux champs et récoltes de Pluquin, prétendant ne devoir en tout cas que le préjudice causé par l'appareil de manière immédiate;

Mais attendu que Pluquin allègue et demande à prouver qu'immédiatement après l'atterrissage, il aurait offert à Legrand de transporter l'aéroplane sur terrain vague à usage de briqueterie ou sur la route, ou, en tout cas, dans un labour contigu où les dégâts eussent été moindres, ce en quoi Legrand se serait opposé, disant que la maison Bréguet solderait le dommage;

Attendu que ces faits sont pertinents, concluants et admissibles, que la preuve offerte peut être utile à la manifestation de la vérité et à la solution du litige; qu'il y a lieu de l'ordonner;

P. C. M. — Statuant contradictoirement, rejetons comme non fondée l'exception de cas fortuit ou de force majeure invoquée par Bréguet contre l'action de Pluquin; donnons acte à Bréguet de son offre à titre gracieux d'une somme de 30 francs; et, avant faire droit au fond, admettons le demandeur à rapporter par témoins, en la forme ordinaire des enquêtes à notre audience publique du 9 juin 1911, parties intimées de s'y trouver, qu'il a offert à

rir sans autorisation préalable dans un champ : la presqu'unanimité des jurisconsultes admet au contraire le droit d'atterrissage sur les terrains non clos sauf à payer les dégâts occasionnés (1).

102. *Visite.* — Les représentants de l'autorité peuvent visiter tout aéronef pour exercer les droits de police et de surveillance fiscale (2).

Cette mesure s'applique aux aéronefs privés de toute nationalité. On pourrait se poser la question de savoir si, dans l'atmosphère dominant le territoire français, les aéronefs privés étrangers doivent subir la visite des aéronefs de l'autorité française, ou s'ils ne sont astreints qu'à la visite par les aéronefs officiels de leur propre pays et suivant les lois de celui-ci. Mais en fait la question est sans intérêt à cause de l'impossibilité pratique d'un transbordement dans l'air, étant donné les appareils actuels. Quant à la visite des aéronefs français ou étrangers après atterrissage, aucune difficulté ne saurait s'élever, les étrangers stationnant sur le sol français étant soumis à nos lois de police et de sûreté (3).

103. En cas d'atterrissage d'un aéronef venant de l'étranger, le pilote doit immédiatement prévenir le maire de la localité du point d'atterrissage, qui veille à

Legrand immédiatement après l'atterrissage de l'aéroplane, de transporter cet appareil, soit sur un terrain vague de briqueterie avoisinant, soit sur la route, ou en tout cas sur un terrain à labour contigu; que Legrand s'y est refusé, disant que la maison Bréguet solderait le dommage, circonstances et dépendances de ces faits également admises en l'enquête, la preuve contraire réservée au demandeur; dépens et moyens réservés jusqu'au définitif.

(1) V. *supra,* n** 17, 18 et 19.
(2) D. 21 novembre 1911, art. 23.
(3) *Ibid.,* art. 3.

ce que le chargement s'il y a lieu ne puisse être distrait, ni le matériel emporté avant que les agents du fisc aient pu procéder aux vérifications et aux opérations nécessaires (1).

§. 5. — JET.

104. Nous renvoyons pour ce point à ce que nous avons dit aux n°s 20 et suivants. Le règlement annexé au décret du 20 novembre 1911 ne touche à cette question que pour proscrire le jet de tout lest autre que du sable très fin ou de l'eau.

§. 6. — SAUVETAGE.

105. *Sauvetage*. — Le décret (art. 26) fait une obligation aux autorités locales françaises d'assister l'aéronef en danger. Il y a lieu de se reporter au n° 31 de la présente étude, à ce sujet.

§. 7. — ÉPAVES.

106. Toute personne qui trouve une épave d'aéronef doit en faire la déclaration à l'autorité municipale. Si l'épave est trouvée en mer la déclaration doit être faite à l'autorité du premier port où le navire aborde (2).

---

(1) *Ibid.*, art. 24.
(2) D. 21 novembre 1911, art. 27. V. *supra* n°s 25 et suiv.

SECTION IV

AÉRODROMES ET CHAMPS D'EXPÉRIENCES

107. Ne sont pas soumis aux dispositions des titres I et II et des articles 18 à 22, 24, 26 et 27 du titre IV, les aéronefs évoluant au-dessus des aérodromes, tant que ces évolutions ne donnent pas lieu à spectacle public. Pour les aéronefs évoluant en dehors des aérodromes, dans les régions agréées par l'administration des Travaux publics comme champ d'expérience, les titres I et II et les articles 18 à 22 du titre IV ne sont pas applicables.

Les évolutions d'aéronefs, lorsqu'elles constituent des spectacles publics, ne peuvent avoir lieu qu'en vertu d'une autorisation du préfet, après avis du maire. Pour les épreuves comportant un trajet au-dessus de la pleine campagne et organisées à date fixe, l'autorisation sera donnée, après avis des maires des communes où doivent avoir lieu les départs, les escales et les arrivées, par le préfet du département, si un seul département est intéressé, par le ministre de l'Intérieur, en cas contraire. Pour ces épreuves, comme pour les spectacles publics, la demande doit être faite un mois à l'avance, afin de permettre à l'autorité compétente de prendre dans l'intérêt public toutes les mesures nécessaires.

Aucune autorisation ne peut être accordée que sous réserve de l'engagement pris par le pétitionnaire de supporter les frais de surveillance et tous autres frais occasionnés à l'Administration par l'épreuve. Le pétitionnaire doit, à cet effet, déposer une consignation préalable (1).

---

(1) *Ibid.*, art. 33 et 34.

SECTION V

AÉRONEFS CAPTIFS ET AÉROPLANES LIBRES NON MONTÉS

108. Nous empruntons à M. Paul Fauchille les propositions qui suivent concernant les aérostats.

Les aérostats captifs ayant en général la nationalité du souverain, de droit ou de fait, du territoire auquel ils sont attachés, sont, en temps de paix comme en temps de guerre, soumis aux lois et à la juridiction de ce territoire. Dans le cas où, par exception, ils ont une nationalité différente, ils doivent être assujettis aux règles suivantes :

1° Sur terre, les aérostats privés dépendent des lois et de la juridiction du pays qu'ils dominent, sauf pour les actes qui constituent de simples infractions à la discipline et aux devoirs professionnels de l'aéronaute; les aérostats publics sont, au contraire, soumis à l'autorité du gouvernement auquel ils appartiennent, à moins que leur commandant n'ait livré les délinquants aux autorités locales ou demandé leur intervention, ou qu'il s'agisse d'actes touchant à la sûreté ou à la fortune de l'État territorial;

2° Les faits accomplis dans la nacelle d'un aérostat captif planant au-dessus de la pleine mer ou des eaux territoriales d'un État tombent sous la compétence de la justice et des lois de l'aérostat ou de celles du navire auquel il est attaché selon que l'aérostat est public ou privé, quel que soit le caractère public ou privé du navire.

En temps de paix, les aérostats captifs qui ne sont pas des aérostats militaires nationaux ne peuvent, sans une autorisation écrite de l'autorité militaire, être installés à moins de 10,000 mètres des ouvrages fortifiés.

Aucun aérostat captif, privé ou public, ne peut être établi à moins de 10,000 mètres des ouvrages fortifiés des États voisins, sans une permission écrite de ces États.

En temps de guerre, les aérostats captifs des neutres ne peuvent être établis sur leur territoire à moins de 10,000 mètres de la frontière des États belligérants. Mais les aérostats captifs des belligérants ont le droit de fonctionner sur leur territoire aux approches même des États neutres. Les aérostats captifs belligérants ne peuvent être installés, ni même passer sur le territoire d'un pays neutre.

Les aérostats captifs qui viendraient à s'échapper seront traités comme aérostats libres.

109. *Aérostats libres non montés.* — Les aérostats libres non montés qui, sous le nom de « ballons-sondes », ont un but exclusivement scientifique, peuvent, en temps de guerre comme en temps de paix, circuler librement dans toutes les parties de l'atmosphère. Ces aérostats ont, attachée à leur nacelle, une plaque mentionnant leur nom, leur domicile, le nom et l'adresse de leur propriétaire ; ils portent à un certain endroit de leur enveloppe un pavillon d'une forme particulière qui indique leur nationalité.

Chaque État doit veiller à ce que les ressortissants respectent les ballons-sondes atterrissant sur son territoire ou trouvés en mer, remplissent le questionnaire placé dans leur nacelle et les renvoient sans délai à leur expéditeur ; les formalités douanières seront, en ce qui les concerne, simplifiées le plus possible.

Il est désirable que les Etats se constituent en une union internationale dont le bureau, établi à.... ....

sera chargé de réglementer l'usage et le régime des ballons-sondes et de centraliser les renseignements qu'ils sont appelés à recueillir.

Les aérostats libres non montés dont, en temps de guerre, un des belligérants fait usage pour la conduite de ses opérations, peuvent être canonnés par l'autre dans les parties de l'atmosphère où les actes d'hostilité sont autorisés.

Mais si ces aérostats échappent au tir des troupes belligérantes, les États neutres au-dessus desquels ils passent n'ont pas le droit d'y toucher à quelque hauteur qu'ils soient. Dans le cas où des aérostats de cette nature tombent sur le territoire d'un État neutre ou sont trouvés en mer par le ressortissant d'un État neutre, les autorités de cet État doivent les retenir jusqu'à la paix avec les dépêches et les pigeons voyageurs dont ils peuvent être porteurs.

CHAPITRE III

—

DROIT COMPARÉ

SECTION PREMIÈRE

ALLEMAGNE

Nous empruntons à la *Revue Juridique Internationale de Locomotion aérienne* les renseignements suivants sur la législation prussienne :

110. *Règlement ministériel de circulation aérienne.* — Avant même que paraisse la réglementation légale de circulation aérienne applicable à tout l'empire, le ministère des Travaux publics de Prusse a déjà pris une importante ordonnance qui restera valable en Prusse jusqu'à l'apparition du règlement impérial de circulation aérienne.

A. — AVIATION

1. Les essais de vol, de personnes non munies de brevets de pilote, sont autorisés, en dehors des aérodromes disposés et garantis à cet effet, là où en tenant compte des voies de passage et de l'étendue du trafic, à certaines heures du jour désignées formellement, ou en prenant certaines

mesures de protection sur le terrain utilisé, aucun danger n'est à craindre pour la sûreté publique.

2. Les aviateurs qui possèdent un brevet de pilote sont autorisés, en général, munis de ce brevet, à s'envoler sur leur appareil partout, hormis les lieux habités. Partout où des circonstances particulières le nécessitent, les autorités policières compétentes auront à fixer, en dehors des lieux habités, les limites dans lesquelles l'envol sera défendu, à moins de permission contraire formelle.

3. Il faut renoncer à une défense générale de voler au-dessus des lieux habités. Mais il est nécessaire que les aviateurs, dans leurs vols au-dessus des villes plus grandes, soient avertis des dangers qui peuvent les menacer.

Le vol doit leur être interdit au-dessus des fabriques de matières explosives, entrepôts de pétrole, d'usines à gaz et autres usines analogues où l'incendie est à redouter, de même qu'au-dessus de terrains qui sont sillonnés d'un réseau de fils électriques à haute tension.

Sont interdits : les vols au-dessus des forteresses et dans un rayon de 10 kilomètres autour d'elles, à moins que l'autorité militaire compétente (gouverneur ou commandant de la place) n'en donne la permission écrite. A l'atterrissage, si les aviateurs contrevenant aussi bien que les personnes qui les accompagnent sont regardés comme suspects d'espionnage, on s'assure de leur personne et on recherche si des clichés photographiques ou des croquis suspects n'ont pas été pris.

4. Temporairement aucun signe particulier distinctif ne sera exigé sur l'appareil.

5. Toutes les personnes qui veulent entreprendre des vols, à l'exception de ceux qui, au paragraphe 1, sont désignés tentatives de vol, sur des emplacements ayant les caractères reconnus nécessaires à cet effet, auront, pour ce faire, besoin d'un « brevet d'aviateur » qui sera délivré par la direction de l'Union aéronautique allemande Berlin W. q. Wossstrasse 21. Ce brevet doit enseigner pour quelle sorte (type) d'appareil l'aviateur a obtenu son brevet. L'envol sur un autre type que celui mentionné au brevet doit être interdit, jusqu'à ce que l'aviateur qui sera dans ce cas obtienne l'extension de son brevet pour cet autre type, extension autorisée par la direction de l'Union aéronautique allemande.

6. Sauf, naturellement, quand il s'agit d'un essai temporaire ou de l'enlèvement d'un appareil.

7. Les autorités policières ont surtout à s'assurer que les personnes qui font des vols de démonstration ou des prétendus vols avec passagers (emmenant des tiers incompétents, des aspirants pilotes, etc.) sont bien en possession du « brevet de pilote d'aéroplane » (paragraphe 5).

8. La direction de l'Union aéronautique allemande doit faire part au préfet de police de Berlin de la remise, du refus ou du retrait du brevet, pour chaque cas particulier. S'il existe quelque doute à l'égard du brevet ou de son propriétaire, les autorités de police n'auront qu'à s'adresser, pour se renseigner, au préfet de police de Berlin.

9. Enfin, la compagnie pour le vol et le sport Berlin-Johannistal à Berlin W. 35, butzowstrasse 89/90, est

prête à lui communiquer tous renseignements sur aviateurs et aéroplanes.

B. — Aérostation.

a) *En ballon dirigeable.*

1. Les pilotes de ballons dirigeables, où sont admis
des voyageurs (tiers incompétents, aspirants pilotes, etc.)
doivent être en possession d'un brevet de « pilote de
ballon dirigeable » délivré par la direction de l'Union
aéronautique allemande.

A bord de chacun des ballons de cette catégorie, il doit
y avoir au moins un pilote muni d'un pareil brevet. Il
serait à désirer autant que possible que toutes les personnes qui concourent à la conduite du ballon (pilote
d'altitude, pilote de direction, etc.) aient acquis le brevet
de pilote.

Le brevet de pilote doit mentionner s'il est délivré pour
un type de ballon qui doit servir au possesseur pour des
voyages avec passagers. En outre, dans un ballon qui
sert à de tels voyages, l'équipage, accrédité, doit prouver, par un certificat, sa capacité dans le maniement du
moteur, certificat qui sera dressé par des personnes dont
la compétence sera à même d'apprécier les connaissances
de mécaniciens de moteurs.

2. L'entrepreneur de traversées avec voyageurs aura
à tenir un livre de contrôle qui devra être présenté à
toute réquisition de la police, et dans lequel le conducteur responsable aura à mentionner, quand et comment
chacune des parties du dirigeable aura été soumise à
un examen sur son utilisation et sa solidité. Le livre

de contrôle devra être tenu d'après le modèle ci-joint (annexe A).

La raison sociale, qui aura été adoptée, devra être communiquée à l'Association allemande d'aérostation.

Les prescriptions sur les entrepreneurs de voyages avec passagers trouvent une application conforme à la lettre A 3 Abs 2.

b) En ballon libre.

1. Les pilotes de ballons libres, dans lesquels seront admis des passagers, devront être en possession d'un brevet de pilote, délivré par une association aéronautique affiliée à l'Association de l'aéronautique allemande et visé par la direction de celle-ci.

2. Des passagers ne pourront être admis à un voyage en ballon libre que si le pilote est en possession d'un certificat constatant que le ballon, en ce qui concerne le matériel et l'équipement, a été soumis, par l'autorité de police locale, à l'examen d'une association désignée ou de personnes compétentes. Le certificat est valable pour un an.

3. Avant le commencement des ascensions en ballon libre, et autant que celles-ci n'auront pas un but scientifique, il doit être procédé à une inspection du ballon et de ses accessoires par des préposés des associations locales ou, au cas où ceux-ci feraient défaut, par des préposés de la police locale.

4. Les personnes qui veulent obtenir un brevet de pilote ou effectuer des ascensions avec passagers, sans

être membres d'une association affiliée à l'Association aéronautique allemande, devront s'adresser à l'association de leur domicile et, si les circonstances l'exigent, ils devront demander à la direction de l'Association aéronautique allemande de leur en désigner une.

5. Les ascensions avec passagers ne seront autorisées dans un rayon de 10 kilomètres autour des forteresses qu'avec une autorisation écrite des autorités militaires compétentes.

Les prescriptions trouvent une application conforme sous la lettre A 3 Abs 2.

C. — En général.

1. Pour les étrangers, les certificats étrangers reconnus par la direction de l'Association aéronautique allemande peuvent être admis à la place des certificats exigés dans les § A 5, B a 1 et C 1.

2. Les prescriptions prévues aux § AB, C n'ont aucune application quand il s'agit d'aviation ou d'aéroscation militaires.

3. Les autorités de police ont, de leur côté, à prendre part à la réglementation en général et, notamment, pourront désigner les endroits précis en dehors des lieux clos où l'envol sera interdit ou dépendra d'une autorisation spéciale, et à collaborer aussi bien aux travaux de l'Association aéronautique allemande qu'aux publications administratives prévues à l'annexe C. La publi-

cation des règlements des autorités sera faite gratuite-
ment dans ces organes.

Le ministre de l'Intérieur,
par délégation : GEZ. HOLTZ.

111. *Ordonnance du premier Président de la province
de Brandebourg du 10 août* 1910. — Les vols d'aéros dans
les exhibitions, etc. ne sont permis qu'aux personnes
munies du diplôme suivant la formule de la Fédération
aéronautique internationale. Les organisateurs d'exhibitions et de parcours en rase campagne doivent, trois
jours au moins à l'avance, annoncer les vols projetés au
commissariat de police, auquel ressort l'aérodrome ou
le point de départ du parcours aérien. Les aviateurs
intéressés ont le devoir de présenter leur diplôme au
magistrat chargé de la police, au plus tard 24 heures
avant la course.

Quand il s'agit des vols en rase campagne, il est défendu à l'aviateur de passer au-dessus des agglomérations. Sur les aérodromes, il lui est défendu également
de dépasser les limites du champ d'aviation. Toute infraction est passible d'une amende de 60 marks sans
préjudice des autres sanctions prévues par la loi.

112. *Grande-Bretagne.* — *Aérial navigation Act,* 1911
— Acte destiné à garantir le public des dangers venant
de la navigation aérienne (2 juin 1911).

I. 1º Un secrétaire d'État peut, dans le but de protection publique, de temps en temps interdire, par ordre,
la navigation d'aéronefs au-dessus de tels espaces sti-
pulés dans ledit ordre, et quiconque, en dépit de cet
ordre, fera passer un aéronef au-dessus desdits espaces

sera coupable d'offense selon cet Acte, à moins qu'il ne prouve qu'il fut contraint d'agir ainsi par la violence du temps ou par toutes circonstances dont il n'était pas maître;

2º Un tel ordre peut s'appliquer soit à tous les aéronefs en général ou à tels aéronefs, dont description y serait faite, et peut interdire la navigation au-dessus des territoires spécifiés soit de manière définitive, soit à telles époques ou à telles occasions qui peuvent être mentionnées dans ledit ordre et, soit définitivement, soit sujet à telles exceptions ou conditions qui peuvent y être spécifiées.

II. 1º Toute personne coupable de non-obéissance à cet Acte sera punie par condamnation sur accusation ou par condamnation sommaire à l'emprisonnement pour un temps ne dépassant pas 6 mois, ou à une amende ne dépassant pas 200 livres, ou même à la fois à l'emprisonnement et à une amende;

2º Toute personne punie par condamnation sommaire du fait de cet Acte, en Angleterre ou en Irlande, en appelle à une session des juges de Comté, et en Écosse de la même manière que s'il s'agissait d'une condamnation suivant le Motor Car Act, 1903, comme il est prévu à l'article 18 de cet Acte.

III. Le présent Acte sera appelé le Aerial Navigation Act, 1911.

113. *Etats-Unis. — Loi relative à l'enregistrement et au contrôle des aéroplanes en Californie.* — La loi actuellement soumise au vote des pouvoirs législatifs en Californie est rédigée dans les termes suivants :

Section I. — Les mots et les phrases employés dans

cet acte doivent pour les besoins de cet acte, et à moins que cela ne soit contraire ou incompatible avec le contexte, être interprétés comme suit : Les « véhicules à moteur » doivent comprendre tous les véhicules mus par une force, autre que la force musculaire. Les « conducteurs » seront toute personne ou personnes exerçant une autorité quelconque sur ces véhicules, comme le propriétaire, par exemple.

SECTION II. — *Sub.* 1. — Toute personne qui à l'avenir possédera et usera d'un véhicule à moteur, destiné à voler dans l'air au-dessus du sol, devra, pour chacun des appareils dont il sera propriétaire, faire enregistrer au Secrétariat d'Etat la déclaration de son nom, de son adresse, avec une brève description de son ou de ses appareils, y compris le nom du fabricant, le numéro de fabrique, le genre de véhicule et la force du moteur. Le tout sur une feuille préparée et fournie par tel Secrétariat d'Etat à ce préposé.

Le droit d'enregistrement sera de 2 dollars.

Sub. 2. — Le Secrétariat d'Etat devra alors enregistrer cette déclaration dans ses bureaux, inscrire sur un registre ou un index *ad hoc* le véhicule à moteur et lui donner un numéro.

Sub. 3. — Le Secrétariat d'Etat devra, sur-le-champ, au moment de l'enregistrement et sans que soit payé d'autre droit, délivrer à chaque propriétaire de chaque appareil une plaque de métal appropriée, de forme circulaire et n'ayant pas un diamètre supérieur à 2 pouces et sur laquelle les mots suivants seront estampés : « Véhicule à moteur aérien enregistré n°   — Etat de Californie — Le numéro d'enregistrement sera marqué dessus.

Cette plaque devra être ensuite toujours appliquée d'une façon très visible au véhicule à moteur dont elle portera le numéro.

Sub. 4. — Tout véhicule à moteur devra porter en outre toujours : 1° le numéro qui lui a été attribué en chiffres ayant plus de douze pouces de longueur; 2° le nom de l'Etat en abrégé de la façon suivante : « Cal »...

Sub. 5. — Les dispositions du présent règlement ne s'appliqueront pas aux propriétaires de véhicules à moteur résidant en dehors de cet Etat, mais se servant temporairement de leur véhicule dans les limites de cet Etat.

Section III. — *Sub.* 1. — Tout véhicule à moteur, mû par sa propre force dans l'air au-dessus du sol devra, lorsque l'obscurité sera tombée, allumer au moins quatre feux, l'un au milieu du véhicule face au pilote, un à l'arrière, un enfin à l'extrémité de chacune des ailes; à l'extrémité de l'aile droite, ce feu sera rouge; à l'extrémité de l'aile gauche, ce feu sera vert, les feux doivent être maintenus allumés aussi longtemps que edit véhicule restera dans l'air pendant l'obscurité.

Section IV. — *Sub.* 1. — La violation d'une des dispositions du présent règlement par tout propriétaire, pilote ou aide à bord d'un appareil ci-dessus décrit sera tenue pour un délit et punie, lorsqu'on en sera reconnu coupable, d'une amende qui ne pourra être supérieure à 100 dollars.

Traduit de l'anglais par M. Jahan, avocat
à la cour d'appel de Paris.

114. *États-Unis.* — *Législation projetée.* — « Deux actes sont, en outre, en discussion devant les législatures du Connecticut et de Pensylvanie. L'acte de Connecticut sera la première loi d'Etat contrôlant la locomotion aérienne qui passera dans les Etats-Unis. Son titre officiel est : « Acte concernant l'enregistrement, la numération et l'usage des vaisseaux de l'air *(sic)* et les licences accordées à ces vaisseaux de l'air. (1) »

Règles de l'aéronef. — L'expression « air ship » (en deux mots) s'applique dans cet acte à tout véhicule devant servir au transport par air. Tout conducteur d'un tel véhicule est appelé « aéronaute ». Le verbe « voler » et le mot « voyage » s'appliquent dans cet acte également à toute locomotion effectuée par « air ship ».

Enregistrement de l'aéronef. — Chaque propriétaire devra tous les ans, au bureau du secrétaire d'Etat,

---

(1) M. A. Holland Forbes, qui a participé à la création de l'acte s'efforça, à la suggestion de « *Aeronautics* », d'obtenir au lieu des mots « air ships » (vaisseaux de l'air), l'emploi d'un seul mot et d'un mot techniquement approprié. Le Gouverneur du Connecticut, cependant, s'est opposé au changement. On suggéra les mots de « aircraft » ou de « véhicules de l'air ».
Beaucoup de raisons permettent de condamner les mots : vaisseaux de l'air. La corporation internationale s'est déjà arrêtée aux noms des différents types de véhicules aériens. La Société Aéronautique de Grande-Bretagne et la Société Aéronautique en Amérique ont toutes deux publié des pamphlets concernant la nomenclature aérienne. Les éditeurs de dictionnaires se servent de ces pamphlets pour préparer de nouvelles éditions. « Air ship » (vaisseau de l'air), est de plus en plus employé dans son sens véritable, comme nom général de ballon dirigeable — par le public, les journaux et ceux qui écrivent dans les magasines.
Aeronautics croit que ce serait une grosse faute que l'Etat de Connecticut établisse un précédent en adoptant « air ship » ou « airship » pour tout type d'aéronef. Ce serait une erreur non moins grave que d'appeler « aéronaute » celui qui dirige tout appareil aérien. « Pilote » ou « mécanicien » le remplaceraient avantageusement et sans inconvénient.

donner ses nom, résidence, bureau de poste, description de l'aéronef qui lui appartient, et le secrétaire d'Etat devra enregistrer ce véhicule, lui donner un numéro et remettre au possesseur un certificat d'enregistrement contenant ses nom, résidence, bureau de poste et le numéro ou le signe attribué à l'appareil, lequel certificat devra toujours se trouver sur le véhicule et pourra être examiné sur la demande de toute personne qualifiée pour ce faire.

Si l'aéronef passe entre les mains d'un autre propriétaire, le précédent enregistrement ne sera plus valable et la personne détenant le certificat devra le renvoyer au secrétaire d'Etat avec une note indiquant le nom, la résidence, etc... du nouveau propriétaire. L'enregistrement expire tous les ans à minuit, le 31 décembre.

Chaque appareil devra porter à un endroit désigné, bien en vue, les numéros et lettres d'au moins 3 pieds de haut, de façon qu'ils soient visibles pour ceux qui se trouveront au-dessous.

Licences des mécaniciens. — « Une personne peut voler au-dessus de la terre ou de l'eau qui lui appartiennent ou qu'il a louées, ou au-dessus de la terre ou de l'eau appartenant à une autre personne qui lui en a donné l'autorisation écrite, mais dans aucun autre cas personne ne pourra diriger un « air ship », ou remplir l'office d'aéronaute sans avoir obtenu une licence du secrétaire » et aucune licence ne sera délivrée sans qu'une ou plusieurs personnes compétentes aient fait passer un examen au postulant et que le secrétaire se soit assuré qu'il est digne de la recevoir.

Rien dans l'acte « n'empêchera une personne non

pourvue de licence de conduire un aéronef si elle a 21 ans
révolus, à moins que la licence ne lui ait été refusée, ou
suspendue ou révoquée et si, toutefois, cette personne
non pourvue de licence est accompagnée par un
aéronaute qui en possède une et sera personnellement
responsable de toute violation des règles de cet
acte ».

Aucune personne âgée de moins de 21 ans ne pourra
obtenir de licence.

Les licences sont divisées en 3 classes distinctes :
Licences pour conduire les ballons sphériques, les dirigeables, les aéroplanes (ou plus pesant que les airs
ships). « Les demandes de licences seront faites sur des
feuilles fournies par ledit secrétaire et ces feuilles auront
telle forme et comprendront telles règles concernant
cet acte qu'il plaira au secrétaire de déterminer. Un
numéro sera assigné à chaque licence et une liste de
toutes les demandes de licences, et des licences déli-
vrées, sera gardée au bureau du secrétaire et tenue à
la disposition du public. Chaque licence mentionnera
les nom, résidence et bureau de poste de celui à qui
elle sera délivrée ainsi que le numéro à lui assigné. Ces
licences expireront tous les ans à minuit le dernier jour
de février. Elles devront être portées constamment
par leurs possesseurs lorsqu'ils dirigeront un aéronef
dans cet Etat, et pourront être examinées sur la demande de toute personne ayant qualité pour le faire.

« Le secrétaire se fera remettre : pour l'enregistrement de chaque aéronef : 5 dollars; pour l'examen du
demandeur d'une licence permettant de diriger un
aéronef, comme il est prévu dans cet acte : telle somme
qu'il plaira demander au secrétaire, ne dépassant dans
aucun cas 25 dollars; pour la licence : 2 dollars; pour

toute copie additionnelle le certificat d'enregistrement ou de licence, 50 cents.

« Le secrétaire peut suspendre ou révoquer tout certificat d'enregistrement ou toute licence délivrés à une personne qui ne satisfait pas aux règles de cet acte, après l'avoir dûment entendue, pour toute cause qui lui semble suffisante, et il peut suspendre la licence du mécanicien.

« Aucun aéronef ne devra partir de ce pays ou y arriver s'il n'est enregistré et sous le contrôle ou la direction d'un mécanicien possédant une licence. L'aéronef doit toujours porter dans tout voyage une copie du certificat de capacité de l'aéronaute et du certificat d'enregistrement.

« Toute personne, non résidant en cet Etat, qui est en règle avec les lois de son propre pays relativement aux aéronefs et à leur direction, peut voler au-dessus de cet Etat-ci pendant 10 jours au plus par an sans avoir à satisfaire aux règles de cet acte en ce qui concerne l'enregistrement et la licence, à condition toutefois que ladite personne soit d'un Etat où l'on exige l'enregistrement des aéronefs et la licence pour les diriger, qu'elle-même ait cette licence et que ledit aéronef ait été enregistré dans son pays.

« Le secrétaire d'Etat peut délivrer sans examen une licence à tout aéronaute en possédant déjà une délivrée par une Association ou Société ayant pour but le développement de l'aviation, si cette première licence est en forme telle que le secrétaire puisse bien s'assurer qu'elle a été délivrée après examen et délibération.

« Toute personne, dirigeant un air ship, qui a enfreint une des règles du présent acte, sera condamnée à payer

100 dollars au maximum ou à faire 6 mois de prison au plus, ou les deux à la fois.

« Tout aéronaute sera responsable des dommages causés dans cet Etat, à une ou plusieurs personnes, par l'aéronef qu'il dirige; et s'il est le représentant ou l'employé d'une autre personne, celle-ci sera responsable pareillement.

« Cet acte sera mis en vigueur le 1ᵉʳ janvier 1912. »

115. *Acte de Pensylvanie.* — Cet acte concerne la licence des aviateurs volant en public dans l'Etat de Pensylvanie, avec une licence additionnelle pour les aviateurs emmenant des passagers, lequel acte détermine la hauteur à laquelle un aéroplane doit se maintenir quand il vole dans un aérodrome au-dessus de spectateurs et indique les peines qui seront infligées pour toute infraction aux règles du dit acte.

D'après ces règles, il sera illégal pour un aviateur de voler soit en public, soit pour faire du sport ou pour obtenir des prix, s'il n'a obtenu une licence du secrétaire d'Etat; il ne pourra non plus emmener un passager sans une licence additionnelle l'y autorisant.

On devra verser $ 5 pour une licence d'aviateur et $ 25 pour une licence permettant d'emmener des passagers. Aucune licence ne sera délivrée avant que le secrétaire ait pu s'assurer que le postulant est capable de voler.

Ceci met sous le contrôle de l'Etat la remise des licences aux aviateurs. Chaque Etat en créant des lois semblables demandera, sans aucun doute, une preuve de compétence et établira probablement ses propres règles. Ceci fera perdre à l'Aéro-Club d'Amérique une grande partie de ses pouvoirs. Une licence accordée par le Club ne sera plus d'aucun usage à un aviateur et naturellement l'Aéro-Club d'Amérique ne pourra compenser en refusant aux aviateurs le privilège de voler dans des meetings sanctionnés.

L'acte de Pensylvanie demande qu'aux exhibitions et aux meetings l'aéronef doive voler à une hauteur d'au moins 200 pieds s'il se trouve au-dessus de la tête des spectateurs.

Il sera aussi illégal pour les personnes n'ayant pas les titres voulus de faire usage des terrains réservés à l'aviation.

Les peines prévues pour infraction à ces 3 règles sont : pour la 1re, une amende de 50 $ ou un emprisonnement d'un mois au maximum ou les deux à la fois ; pour la 2e : 200 $ ou un an de prison au maximum ou les deux à la fois, et pour la 3e, la perte de la licence.

Un aviateur ne résidant pas en Pensylvanie peut, s'il possède une licence d'un autre Etat, y voler pendant 10 jours par an au plus, sans y obtenir de licence.

L'Etat consacre officiellement les mots : « aviation, aéroplane et aviateur » comme communément employés. Un aérodrome — jusqu'ici un sujet de grande discussion — est défini comme « un endroit réservé aux tentatives aéronautiques ou évolutions », ce qui est incontestablement sa meilleure application.

116. *Acte d'aviation de l'État de New-York.* — La Société Aéronautique de New-York va présenter au Sénat de New-York un acte concernant la délivrance des licences d'aviateurs et le contrôle des vols effectués dans l'Etat. L'acte sera probablement terminé au moment où l'on imprimera ceci (1).

____

(1) Les documents relatifs aux États-Unis sont extraits de la

—

CHAPITRE IV

CONFLITS DE LOIS EN MATIÈRE DE NAVIGATION AÉRIENNE

———

117. Quelques questions se sont déjà posées en doctrine au sujet du choix de la loi à appliquer à des événements advenus à bord d'un aéronef. Le conflit peut naître soit entre la loi nationale de l'aéronef et la loi du pays qu'il survole, soit entre les lois nationales de deux aéronefs.

118. Une naissance ou un décès peuvent se produire à bord d'un aéronef. On est d'accord pour admettre en ces cas que la naissance ou le décès seront réputés s'être produits sur le territoire de l'Etat dont l'aéronef a la nationalité. L'acte en sera dressé par le pilote sur le livre de bord, conformément à la loi nationale de l'aéronef.

Il ne s'agit d'ailleurs point là d'un acte d'état civil; le pilote n'est pas un officier d'état civil n'ayant ni le man-

———

revue *Aeronautics* de New-York. Ils ont été traduits de l'anglais par M. Jahan, avocat à la Cour de Paris et publiés dans la Revue.

dat public ni les moyens nécessaires pour agir en cette qualité. Son rôle consiste à constater des faits matériels, et ses constatations fourniront les éléments des actes que dressera l'autorité publique du pays dont l'aéronef à la nationalité. Ces éléments, c'est-à-dire la copie des mentions portées sur le livre de bord, lui seront transmis par l'autorité territoriale ou consulaire à laquelle le pilote dès son premier atterrissage aura confié cette copie.

119. De même, si un crime ou un délit est commis à bord d'un aéronef de telle sorte qu'ils n'affectent que les personnes ou les choses du bord (ou plus exactement de telle sorte qu'il n'affecte point les personnes ou les biens du territoire survolé), ce crime ou ce délit est réputé commis sur le territoire de l'Etat dont l'aéronef a la nationalité.

Mais il peut arriver que l'acte délictueux soit dirigé contre les personnes ou les biens du territoire survolé, ou contre l'Etat souverain de ce territoire. C'est alors la loi de l'Etat sous-jacent qui s'applique et ses tribunaux sont compétents pour appliquer cette loi. Mais s'il y a lieu en outre à une réparation civile, celle-ci peut être poursuivie au choix de la victime, soit devant les tribunaux du pays sous-jacent, soit devant ceux du pays dont l'aéronef à la nationalité. Les uns et les autres ont a appliquer sur le fond du débat la loi du pays sous-jacent.

120. Enfin, il est possible qu'un crime soit commis dans l'atmosphère par une personne montant un aéronef et soit dirigé contre un autre aéronef de nationalité différente. Le crime sera-t-il réputé commis à bord de

l'aéronef portant le criminel ou à bord de l'aéronef portant la victime?

La même question se pose en ce qui concerne la responsabilité civile ou pénale en cas d'abordage d'un aéronef par un autre de nationalité différente.

Cette question se ramène à la question déjà tranchée par la jurisprudence d'un crime ou d'un délit commis par dessus une frontière, l'auteur du fait se trouvant dans un État et la victime dans un autre. En pareil cas, la jurisprudence considère que le pays où se trouve l'auteur du fait est celui dont la loi doit être appliquée et dont en thèse générale les tribunaux sont compétents.

TABLE ALPHABÉTIQUE

TABLE DES MATIÈRES

116

Paris. — Imp. PAUL DUPONT (Cl.). THOUZELLIER, D'.

LIBRAIRIE ADMINISTRATIVE PAUL DUPONT

4, rue du Bouloi — PARIS

VOIES FERRÉES (FRANCE, ALGÉRIE, TUNISIE ET COLONIES FRANÇAISES), par MM. Louis Marlio, Mazerat, Vergniaud et Godfernaux.

Deux volumes in-8º brochés . . . . 15 francs.

MANUEL DES GARDES CHAMPÊTRES ET FORESTIERS DES COMMUNES ET DES GARDES PARTICULIERS, par M. Paul Baer.

Un volume in-8º broché . . . . 2 francs.

POLICE MUNICIPALE ET RURALE (VADE-MECUM, A L'USAGE DES MAIRES, SECRÉTAIRES DE MAIRIE, GARDES CHAMPÊTRES, AGENTS DE POLICE, APPARITEURS), par Albert Poirier, Commissaire de Police.

Un volume in-8º broché . . . . 2 francs.

PARIS. — IMP. PAUL DUPONT. — 299.8.12

www.ingramcontent.com/pod-product-compliance
Ingram Content Group UK Ltd.
Pitfield, Milton Keynes, MK11 3LW, UK
UKHW020001100720
13658UKWH00002B/749